国有经济研究

STATE-OWNED ECONOMY RESEARCH

李政 主编

2021(1)

总第18辑

中国财经出版传媒集团

经济科学出版社
Economic Science Press

图书在版编目（CIP）数据

国有经济研究. 2021 年. 第 1 辑/李政主编. —北京：经济科学出版社，2021. 9
ISBN 978 - 7 - 5218 - 2818 - 4

Ⅰ. ①国… Ⅱ. ①李… Ⅲ. ①中国经济 - 国有经济 - 研究 Ⅳ. ①F121. 21

中国版本图书馆 CIP 数据核字（2021）第 174003 号

责任编辑：刘战兵
责任校对：徐　昕
责任印制：范　艳

国有经济研究
2021 年第 1 辑（总第 18 辑）
主编　李　政
经济科学出版社出版、发行　新华书店经销
社址：北京市海淀区阜成路甲 28 号　邮编：100142
总编部电话：010 - 88191217　发行部电话：010 - 88191522
网址：www. esp. com. cn
电子邮箱：esp@ esp. com. cn
天猫网店：经济科学出版社旗舰店
网址：http：//jjkxcbs. tmall. com
北京季蜂印刷有限公司印装
880 × 1230　16 开　6. 75 印张　190000 字
2021 年 11 月第 1 版　2021 年 11 月第 1 次印刷
ISBN 978 - 7 - 5218 - 2818 - 4　定价：26. 00 元

国有经济研究

State-owned Economy Research

编　委　会

目录

CONTENTS

Contents

【新时代中国特色国有经济】

新阶段“国有企业改革”笔谈

国有企业要在构建新发展格局中展现新担当、做出新作为

彭华岗*

党的十九届五中全会提出，要加快构建以国内大循环为主体、国内国际双循环相互促进的新发展格局。这是以习近平同志为核心的党中央根据我国新发展阶段、新历史任务、新环境条件，特别是基于我国比较优势变化，审时度势做出的重大战略决策。构建新发展格局是事关全局的系统性、深层次变革，是立足当前、着眼长远的战略谋划，对我国实现更高质量、更有效率、更加公平、更可持续、更为安全的发展，对于世界经济繁荣稳定，都会产生重要而深远的影响。国有企业是中国特色社会主义的重要物质基础和政治基础，是中国共产党执政兴国的重要支柱和依靠力量。要深刻认识加快构建新发展格局的重大意义，找准自己在国内大循环和国内国际双循环中的位置和比较优势，提高贯彻新发展理念、构建新发展格局的能力，在以下六个方面展现新担当、做出新作为。

一是在加快科技自立自强中担当作为。加快科技自立自强，是构建新发展格局的关键。党的十九届五中全会对科技创新专章部署，将其放在规划任务的首位，这在中国共产党研究制定国民经济和社会发展五年规划的历史上是第一次，凸显了习近平总书记和党中央对科技创新前所未有的高度重视，凸显了科技创新在构建新发展格局中的重要性和紧迫性。国有企业特别是中央企业作为国家战略科技力量，必须发挥好在科技自立自强中的引领支撑作用。要大力实施创新驱动发展战略，发挥新型举国体制优势，加大研发投入，积极承担国家重大科技项目，牵头组建创新联合体，尽快突破关键核心技术“卡脖子”问题，把发展的主导权牢牢掌握在自己手中。

二是在加快培育完整内需体系中担当作为。加快培育完整内需体系，是构建新发展格局的重要基础。国内循环越顺畅，越能形成全球资源要素的引力场，越有利于塑造国际竞争合作新优势。国有企业特别是中央企业大多分布在关系国计民生和国民经济命脉的关键领域和基础性行业，在统筹国内外市场、畅通产业链循环、保障基础产品供应上发挥着不可替代的重要作用。我们要进一步立足自身比较优势，抓住重点、打通堵点，着力贯通生产、分配、流通、消费各环节，加快促进形成国民经济良性循环。要提升供给体系对国内需求的适配性，持续优化供给结构、改善供给质量，打造一批上下游紧密协同、产供销高度衔接的新兴产业集群，促进国内供给、需求在更高层次、更高水平上实现动态平衡。

三是在推动产业链供应链优化升级中担当作为。推动产业链供应链优化升级，是构建新发展格

---

* 彭华岗，经济学博士，国务院国有资产管理委员会党委委员、秘书长（北京，100053）。本文来源于作者在第 20 届中国国有经济发展论坛上的主旨演讲。

局的迫切需要。制造业是我国经济命脉所系，是立国之本、强国之基。这次抗击新冠肺炎疫情，我国完备的制造业体系发挥了至关重要的支撑作用，再次证明制造业对国家特别是大国发展和安全的重要意义。国有企业要在增强产业链供应链稳定性和竞争力上下更大功夫，坚持拉长长板、补齐短板相结合，打造优势产业集群、推动数字化转型升级，培育更多在关键时刻能够稳定我国产业链供应链的国家队。要进一步优化国内外产业布局，加强与各类所有制企业的合资合作，采取有力措施提高企业根植性，促进产业在国内有序转移，即使向外转移也要想方设法把产业链关键环节留在国内。

四是在推动新型城镇化和城乡区域协调发展中担当作为。推动新型城镇化和城乡区域协调发展，是构建新发展格局的关键因素。我国正处于城镇化快速发展时期，这个过程将创造巨大需求，也会提升有效供给。国有企业要结合国家区域重大战略、区域协调发展战略、主体功能区战略，立足各地区的资源禀赋和比较优势，发挥大型骨干企业强大的产业带动作用，促进各类要素合理流动和高效聚集，促进重大基础设施、重大生产力和公共资源优化布局，支持发达地区加快推进现代化，帮助欠发达地区补短板强弱项，推动经济布局持续优化。要在推动以人为核心的新型城镇化中发挥重要作用，推进城市生态修复、功能修补工程，建设绿色城市，有序推进海绵城市和韧性城市建设，增强县城综合承载能力和治理能力，引导劳动密集型产业在县城集聚发展。

五是在提高人民生活品质中担当作为。提高人民生活品质，是构建新发展格局的出发点、落脚点和关键联结点。提高人民生活品质是社会主义生产的根本目的，优化分配结构，发展壮大中等收入群体，是畅通国民经济循环的一个关键环节。国有企业是保障人民当家做主和共同富裕的基石，必须在提高人民生活品质中发挥重要作用。要坚持按劳分配为主体、多种分配方式并存，健全工资合理增长机制，切实保障员工待遇和权益。要千方百计稳定就业岗位，以企业发展带动就业，扩大就业容量，提升就业质量。要深入践行以人民为中心的发展思想，聚焦人民日益增长的美好生活需要，加快调整产业结构和产品结构，让企业改革发展的成果更好惠及全体人民。

六是在推动更高水平对外开放中担当作为。推动更高水平对外开放，是构建新发展格局的重要举措。习近平总书记在党的十九届五中全会上指出，以国内大循环为主体，绝不是关起门来封闭运行。中国愿同世界分享市场机遇，推动世界经济复苏，彰显了党中央坚持对外开放、促进国际合作的决心。国有企业作为我国对外开放的“排头兵”，要充分利用国内国际两个市场、两种资源，积极主动与全球各类企业加强合作，共同实现更加强劲可持续的发展。要高质量共建“一带一路”，提升企业全球核心竞争力，依托我国在基础设施、装备制造、投融资等方面产业链优势，带动中国装备制造、技术、标准和服务加快“走出去”。要统筹好发展和安全，进一步增强机遇意识和风险意识，既要运用发展成果增强防控风险的能力，又要有效防范化解各类风险挑战，坚决守住不发生重大风险的底线。

为了更好地贯彻落实党的十九届五中全会精神，推动国资国企实践创新和理论创新，国有经济研究智库在2020年11月11日的首届国有经济高峰论坛上，启动了2020～2021年度十大重点课题，“国有企业在构建新发展格局中的作用研究”就是其中之一，由中国社科院经济研究所、国家能源集团牵头，清华大学、吉林大学、中山大学、中国社科院大学、中国大连高级经理学院等单位共同参与。国有经济研究智库将坚持开门搞研究，希望各位专家和企业家积极参与这一重大课题的研究工作，为国有企业在构建新发展格局中如何更好地发挥作用出谋划策，贡献宝贵的智慧和力量。

【新时代中国特色国有经济】

混合所有制改革的政治经济学分析

宋冬林*

关于混合所有制的概念，薛暮桥先生早在1987年《我国生产资料所有制的演变》一文中就曾指出："我国国有经济体制改革中，所有制形式日益复杂，首先是产生不同行业、不同地区之间的国营与国营、国营与集体、集体与集体、集体与个体之间的合资经营或合作经营，这样就形成多种形式的混合所有制。"

中央关于混合所有制的表述是以围绕论述混合所有制经济展开的。党的十五大指出，"公有制经济不仅包括国有经济和集体经济，还包括混合所有制经济中的国有成分和集体成分"，提出了混合所有制经济的概念。党的十六届三中全会进一步提出"大力发展国有资本、集体资本和非公有资本等参股的混合所有制经济"，界定了混合所有制经济的范围。党的十八届三中全会明确提出"国有资本、集体资本、非公有资本等交叉持股、相互融合的混合所有制经济，是基本经济制度的重要实现形式"。

通过这个概念来进一步解析，认识混合所有制的内涵必须从认识什么是国有企业开始。国有企业是中国特色社会主义重要的物质基础和政治基础，从政治经济学来看本质是社会主义生产关系的物质承担者，也是生产利益和社会主义生产关系相互作用的一种微观主体。如果从这个角度来去看国有企业，通过国有企业来看混合所有制改革，就会得出以下几点理论认识：

第一个认识，无论是国有资本、集体资本、非公有资本等交叉持股、相互融合形成混合所有制，还是国有企业层面的改革，都是社会主义生产关系在社会主义基本经济制度框架内的调整与变革，以适应生产力发展需要。

第二个认识，社会主义生产关系的调整与变革是国有企业成长与发展进程中的重要部分，但不是国有企业成长与发展的全部。从混合所有制改革的实践逻辑和理论逻辑来看，在国有企业成长和发展的漫长的过程中，社会主义生产关系的调整和变革只是其中的一个重要的部分，不是整个国有企业成长和发展的全部。

第三个认识，混合所有制改革只是国有企业改革的一种重要形式，不是国有企业改革的全部。我们从这个角度把混合所有制改革纳入企业的成长过程当中来看，逻辑线索就非常清晰地展现在我们面前。

第四个认识，混合所有制改革是基本经济制度的重要实现形式，而不是唯一实现形式。

第五个认识，混合所有制改革是一个渐进过程，存在于国有企业改革的历史进程中。

当前国有企业在运行当中遇到的问题，在20世纪50年代也遇到过。其实，从发展历程来看，国有企业中生产力和生产关系一直在不断调整，这些调整都是针对不同阶段国有企业在经营环节上出现的问题持续进行的，并非现在才开始的，混改只是探索中的一个部分，不能代表国有企业的全部，这是从政治经济学的角度给出混改的历史逻辑。

因此，我们在这几个方面就会得出这样的认识：就国有企业改革与发展而言，改革不是目的，发展才是目的，不能为改革而改革。前段时间在实

---

* 宋冬林，经济学博士，吉林大学国有经济研究中心研究员、吉林大学经济学院教授，博士生导师（长春，130012），本文来自作者在第20届中国国有经济发展论坛上的主旨演讲。

践当中，确实有一些地区把混改作为政绩的一部分，为改革而改革，这是不正确的。

就混改来说，“混”不是目的，“改”才是目的，不能为混而混，也不能一混就灵。就“改”来说，很多关注改组，改组是重要的，但是我认为改革和改制可能比改组更重要，不能是为了改组而改组。这些逻辑是我们基于政治经济学的角度做的梳理，在实践层面如果能把握这一条，就是把握住了马克思主义政治经济学对国有企业成长发展的逻辑线索，这样去考虑的话，对混改的认识就会更加全面和科学。

最后，需要思考几个问题：

第一，分类改革下国有企业与市场关系的调整。在分类的改革的背景下，应该根据国有企业所在行业特点推进改革，不能一概而论实行混合所有制改革。适合混改要混改，有一些不适合混改，或许可以通过产业经济学的理论，通过降低产业的进入门槛，使更多的竞争者进入行业，改善市场结构，也同样能够达到混改的目的。竞争性商业类的国有企业应该推行混合所有制改革，以实现国有资本利益最大化的目的。垄断性的商业类企业在推行混合所有制改革的基础上，应进一步放开行业准入引入竞争机制，在激发企业活力的同时促进市场公平竞争。

第二，管资本下的国有企业与政府关系的调整。推动国企业管理向“管资本”转变意味着政府将逐步减少对国有企业的干预。但国有企业作为党执政兴国的重要支柱和依靠力量，不可避免地需要承担一些社会责任。因此，“管资本”下国有企业与政府关系的调整也应分类展开。在充分竞争的行业领域，政府作为出资人应该以股东利益最大化为主，通过“管资本”实现国有资本的利益最大化，不宜使企业承担过多社会责任。在一些垄断行业和关系国家安全和国民经济命脉的重要行业，政府作为出资人应更多地以社会效益最大化为目标。

第三，培育世界一流企业下的国有企业内部机制的调整。培育世界一流企业要求国有企业具有一流的创新能力。根据国有企业在现有体制下的特点，国有企业领导人多半具有风险的规避性，创新会意味着一些风险，应进行合理的机制设计，使得国有企业领导人更加积极地应对风险。人是推动企业创新的第一推动力，创新驱动实质是“人才驱动”。国有企业要进一步完善用人机制和激励机制。在用人机制上，应当建立竞争择优、“能上能下、能进能出”的市场化选人用人制度，建立竞争性的用人机制以激发员工活力。在激励机制上，要以实现企业自身发展为目的，通过员工持股、股权激励等方式，对企业核心创新人才、关键技术人才予以激励。同时，要避免员工持股的福利化。

第四，国有企业在双循环新发展格局中的作用。这是需要特别研究的一点。作为中国特色社会主义的重要物质基础和政治基础，党执政兴国的重要支柱和依靠力量，国有企业在双循环新发展格局中应当起到主导作用，混合所有制改革应与国有企业的主导作用相衔接，在产业基础能力和产业链现代化水平双提升中发挥重要作用；作为社会主义生产关系的物质承担者和先进生产力的促进者，国有企业应当在经济高质量发展中起到引领作用，混合所有制改革应与国有企业的引领作用相衔接，在动能转换和创新发展中发挥重要作用。

【新时代中国特色国有经济】

打造世界一流创新央企

陈　劲[*]

2020年10月，党的十九届五中全会提出，“坚持创新在我国现代化建设全局中的核心地位，把科技自立自强作为国家发展的战略支撑”，并强调要“面向世界科技前沿、面向经济主战场、面向国家重大需求、面向人民生命健康……完善国家创新体系，加快建设科技强国”。“十四五”是我国迈进创新型国家前列、全面推进世界科技强国建设的关键时期。2016年5月20日中共中央、国务院印发的《国家创新驱动发展战略纲要》中提出，创新型国家建设要实现“三步走”的战略目标，特别是在2035年要跻身创新型国家前列，到2050年建成世界科技创新强国，成为世界主要科学中心和创新高地。

强化国家战略科技力量、提升企业的技术创新能力是党的十九届五中全会精神非常重要的指导思想。为此，我们建议要进一步增强企业在创新过程中的主导作用，如大力增强企业在技术创新决策方面的主导作用，包括发挥其在从事国家重大科技专项方面的作用。央企是我国创新中非常重要的力量，越来越多的央企成为世界500强企业，如国家电网公司、三峡集团、航天科工集团、中车集团等，在国际上非常有竞争力。我们要继续坚信央企是我国科技创新主力军的理念，进一步发挥好央企在国家战略科技力量和产业技术创新领域的重要作用。进一步的建议如下：

第一，应加强党对央企创新的领导。我国目前面临新的国际国内形势，2021年要实现建成惠及十几亿人口的更高水平的小康社会的目标，下一步是实现现代化强国建设的目标。小康建设的需求与现代化强国的需求有巨大的差别，因此，建议央企要在党的领导下从事企业创新工作，进一步增强党对科技创新工作的指导作用。要增强未来意识，不仅要把提升中国产业链的安全作为重要目标，同时要有面向全球视野的发展格局，包括加强央企的战略部门和科技部门的协同。这方面已有一些企业做了相关探索。同时根据习近平总书记的要求，央企不仅要做现有的优势产业，还应积极面向未来产业，重视未来产业的布局。

第二，加强高端的创新平台和体系建设。央企应有更多的中央研究院支撑基础研究和共性技术研发。央企以前的优势在于工程项目，现在要强化基础研究、行业关键共性技术的研发。央企要逐步完善其在行业中的平台建设和生态建设作用，要跟其他所有制企业，包括民营企业，共同创建产业生态体系，如中车集团就注重体制机制创新，设立了新型的混合所有制试点机构——国家高速列车技术创新中心。该中心为非营利法人机构，没有待遇，没有编制，但是营造出了高铁不断创新的新格局，是国家技术创新中心的典范。

第三，加强自由探索的创新机制建设。央企应进一步加强体制机制创新，积极参与国家实验室、国家技术创新中心等新型研发机构的建设，加大和高校院所共建实验室的力度，逐步形成需求导向和多学科交叉的发展格局。应进一步强化设计更科学合理的容错机制，鼓励员工对创新问题进行进一步探索。同时，关注自我驱动的科技绩效考核体系，要从传统的绩效考核向自我驱动的绩效考核演化，努力扩大员工的创新创业空间，加强体制创新对员工的激励力度。

[*] 陈劲，管理工程博士，清华大学经济管理学院教授，博士生导师，清华大学技术创新研究中心主任（北京，100084）。

第四，具有高度的政治觉悟和对科技创新工作热忱的企业家是创新的核心。要选拔对党无限忠诚、对技术创新工作无比重视的企业家作为央企的负责人。创新还包括对央企的首席科学家和拔尖创新人才的大力培养，同时要进一步开展全员创新，激发广大工人阶级在创新方面的基础性作用。

【新时代中国特色国有经济】

在构建新发展格局中发挥国企更大的作用

刘明忠[*]

党的十九届五中全会强调，要统筹发展和安全，加快建设现代化经济体系，加快构建以国内大循环为主体、国内国际双循环相互促进的新发展格局。这是以习近平同志为核心的党中央，根据我国发展阶段、环境、条件变化做出的战略决策，是事关全局的系统性深层次变革，是我国步入高质量发展阶段、解决新时期面临的各种中长期问题的重要战略举措。作为国有企业，必须正确认识新发展格局的重大战略意义和科学内涵，通过创机制、激活力、谋战略，在全面贯彻新发展格局中育先机开新局，努力争创具有全球竞争力的世界一流企业。

一、完善新机制，在构建新发展格局中厚植组织基础

国有企业必须把加快构建新发展格局作为贯穿企业“十四五”发展全局和全过程的大逻辑，把握契机、抓住机遇，以深化改革激发发展新活力，全面探索构建适应新发展格局的新机制、新模式、新路径，在新发展格局中让所有人被激活，让干部职工被赋能，从而把胜任力转化为持续创造力，把个体价值聚合成组织智慧，努力厚植高质量发展坚实的组织基础。

第一，强化思想引领。坚持以习近平新时代中国特色社会主义思想为指导，认真贯彻落实习近平总书记关于改革创新发展等重要讲话和重要指示批示精神，着力在常学常新和学思践悟中提高精神境界，确保始终用党的创新理论武装干部职工头脑、指导改革创新发展实践、推动生产经营工作。

第二，完善用人机制。按照市场规律，明确责权利，干得好就激励，干得不好就调整，实现职务能上能下、人员能进能出、收入能增能减。坚持以劳动合同解决员工身份问题，以岗位合同解决劳动标准问题，淡化不同岗位员工间身份界限，倒逼各级领导班子和干部不断提升抓改革、促发展、保稳定水平和专业化能力，为构建以价值创造为导向的人才培养、使用、评价和激励体系奠定基础。

第三，完善晋升机制。完善企业人才工作体系，充分发挥人才资源的引领和支撑作用，在坚持党管干部、党管人才不动摇基础上，围绕培养造就大批德才兼备的高素质人才，建立不同类型人才的晋升机制，在行政职务序列之外，打通国有企业营销人员、管理人员、研发技术人员、技能人员、党务人员五个晋升通道，并横向互动、能上能下，人员相互交流、身份相互转化，实现人才职业有规划、发展有平台、晋升有通道，形成后备人才成池、源头活水始现的良好态势。

第四，健全激励机制。在薪酬分配制度上下功夫，坚持市场导向、效益导向、业绩导向，实现薪酬能增能减，将薪酬分配向企业中的营销、高科技研发、苦险脏累差、高级管理、高技能五类人员倾斜，激励先进鞭策后进，不断调动干部职工干事创业的积极性、主动性，进一步激发国有企业创造力和提高市场竞争力。

第五，健全共享机制。贯彻落实以人民为中心的发展思想，坚持全心全意依靠职工办企业，持续保障职工生产生活、民主管理、文体活动需求，不断为职工群众办实事、解难事、做好事，共享企业改革发展新成果，持续提高职工群众获得感、幸福

---

* 中国一重集团有限公司党委书记、董事长。

感和安全感，切实把企业建设成为利益共同体、事业共同体、命运共同体。

二、激发新活力，在构建新发展格局中抢占先发优势

国有企业是国家科技创新的重要力量，必须坚持以创新引领发展，把创新作为企业经营最重要的品质，在生产组织创新、技术创新、市场创新上走在前列，着力打造自主创新能力强、创新体制机制优、创新活力动力足的创新型企业，把关键核心技术牢牢掌握在我们自己手中。

深化科技创新体制改革，发挥科技创新在全面创新中的引领作用，强化企业在技术创新中的主体地位，牵头组建创新联合体，建立科学研究和技术创新分类投入机制，发挥与高校院所战略协议的作用，积极开展与政府、高校、科研机构的协同创新工作。联合开展基础共性技术研究，发挥集中力量办大事的制度优势、超大规模市场优势和完备产业体系的配套优势，带头推动产业链上中下游融通创新，解决制约行业高质量发展的瓶颈问题，推动实现产业链现代化，增强产业链供应链的稳定性、安全性和竞争力。

完善科技创新组织机制。国有企业要适应新发展格局要求，始终围绕“四个面向”，发挥市场的导向作用，积极与国际一流创新企业对标，全面梳理企业科技创新短板清单，超前谋划顶层设计，落地实施“揭榜挂帅”等制度，注重突破关系发展全局的重大技术，集中力量攻克“卡脖子”技术。尤其是要构建开放创新机制，坚持引进来和走出去相结合，以更加主动的姿态融入全球创新网络，以更加开阔的胸怀吸纳全球创新资源，以更加积极的策略推动技术和标准输出，在重点领域保持国际领先，形成代差优势、先发优势，不断抢占技术制高点、掌握行业话语权。

健全创新人力资源支撑体系。大力弘扬企业家精神、科学家精神、工匠精神，深化企业创新人才体制改革，完善创新培养、使用和吸引人才的机制，健全以创新能力、质量、实效、贡献为导向的科技人才评价体系。要全方位培养、引进和用好人才，实行更具竞争力的人才吸引制度，研究实施高层次人才引进工程，大力培养企业高端技术人才，激发人才创新活力，实现人尽其才、才尽其用、用有所成。

三、谋划新战略，在构建新发展格局中探索发展之路

国有企业要切实增强机遇意识和发展意识，在认真总结“十三五”改革发展经验基础上，高水平谋划好新战略，编制好“十四五”规划，及时探索和研究符合企业实际的未来高质量发展之路。

第一，坚持党的全面领导。始终以习近平新时代中国特色社会主义思想为指导，把党的全面领导贯穿于改革发展各个层面和全过程，作为始终坚守的政治方向、政治原则，增强“四个意识”、坚定“四个自信”、做到“两个维护”。深入贯彻落实“两个一以贯之”，坚持党的领导和完善公司治理相统一，确保党组织把方向、管大局、保落实，领导作用得到充分发挥。

第二，坚持以人民为中心。国有企业要以国内大循环为出发点和落脚点，始终做到发展为了人民、发展依靠人民、发展成果由人民共享，在满足当前和未来人民日益增长的美好生活需要上发挥示范带头作用，使国有企业在推进基层民主、构建和谐劳动关系上发挥带头作用，有效激活企业组织和人才活力动力。

第三，坚持新发展理念。把新发展理念贯穿于发展全过程和各领域，紧扣推动高质量发展、构建新发展格局，以更好服务国家发展战略、更加聚焦高质量发展为导向，坚定不移聚焦实业、突出主业，围绕主业制定战略发展目标，一手抓传统产业转型升级，一手抓新产业新业态培育和拓展，不断增强核心业务盈利能力和市场竞争力，在推动质量变革、效率变革、动力变革中发挥引领作用，实现更高质量、更有效率、更加公平、更可持续、更为安全的发展。

第四，坚持深化改革开放。坚持问题导向、目标导向、结果导向，以国企改革三年行动为抓手，

全面深化企业改革，突出抓好改革重点任务落实落地，着力破除束缚国有企业发展的体制机制障碍，在实施国企改革三年行动中做表率。同时，要扩大开放合作，在加强全球资源配置上下功夫，持续完善产业链、价值链、创新链全球化布局，努力实现技术、管理、金融等资源全球化配置，在全球市场竞争中百炼成钢，在开放合作中提升企业国际竞争力。

第五，坚持系统观念。国有企业必须准确识变、科学应变、主动求变，坚持系统观念，树立底线思维，增强风险意识，加强对企业“十四五”规划的前瞻性思考、全局性谋划、战略性布局、整体性推进，不断探索新思维、新动能、新机制和新举措，实现发展质量、结构、规模、速度、效益、安全相统一，不断增强企业竞争力、创新力、控制力、影响力、抗风险能力，坚定不移把国有资本和国有企业做强做优做大，确保在加快构建新发展格局中发挥更大作用、实现更大作为。

【国有经济理论探索】

国有企业“经营有方”和实现形式的探索

——列宁优化“彻底的”社会主义企业的启示

杨承训　杨咏梅[*]

[摘　要] 国有企业是中国特色社会主义基本制度的柱石。它要不要改革？怎样改革？应当镜鉴列宁的实践和理论。列宁在艰苦曲折的实践中认识到，国有企业必须为了适合和促进生产力发展而不断改革，实现“经营有方”和更有活力。主要改革方向是面向市场，按社会主义下的商品货币关系要求重塑自身。为此，他扬弃了资本主义的经验，探索了多种多样灵活的实现形式和管理方法。我们应当联系中国现实生产力发展需要和基本经济制度的要求，不断沿着正确方向深化国企改革，克服种种认识困惑，认真领会和贯彻习近平新时代中国特色社会主义思想，将原则性与灵活性辩证统一起来。

[关键词] 列宁；国企改革；经营有方；面向市场；实现形式和管理方法

习近平同志多次指出，国有企业是中国共产党执政的经济基础和政治基础，要通过深化改革增强它的活力、创新力、竞争力、影响力、控制力和抗风险能力。可以说，作为公有制最重要支柱的国有企业，是决定中国特色社会主义基本制度性质的基石，是社会主义市场经济的第一主体，是实现共同富裕的根本保证。如何增强国有企业的各种主导力，是我国改革开放、系统治理的重大命题。毛泽东多次指出：“规律存在于历史发展的过程中。应当从历史发展过程的分析中发现和证明规律。”[①]在这方面，我们应当镜鉴科学社会主义第一个成功的领导者列宁在探索国有企业改革过程中的历史经验和辩证思维，深化对国企改革规律的认识，澄清理论上的一些困惑。

一、优化“彻底的”社会主义企业是一个不断改善的过程

列宁在他最后的重要著作之一《论合作社》中，根据允许存在多种成分的新经济政策，将企业分为三类：第一类是“彻底的社会主义类型的企业”，即国有企业；第二类是社会主义集体企业，即合作社；第三类是私人资本主义企业。第一类是国家“掌握”大的生产资料的经济组织，它决定着社会主义国家命运的“所必需的一切”，并规定合作社的属性和私人资本主义企业的走向。[②] 这表明，国有企业在整个社会主义经济中支配和推进先进生产力，体现人民共同富裕的根本利益，是对其他成分放射“普照之光”的重要力量之源。

然而，国有企业并不是一生下来就自然能释放巨大活力的，有一个不断改善、优化的过程。正如恩格斯所说：社会主义社会是“经常变化和改革的社会”，即使在全部国有化之后，其“生产和社会组织”还要“不断改变，不断进步”，不是“一

* 杨承训，河南财经政法大学教授（郑州，450046）；杨咏梅，中国动物卫生与流行病学中心高级经济师（青岛，266032）。

① 《毛泽东文集》第8卷，人民出版社1999年版，第106页。

② 《列宁选集》第4卷，人民出版社1995年版，第767～774页。

成不变的东西”。[①] 列宁正是具体实践了恩格斯这个“不断改变和改革”的预言，使“彻底的”社会主义企业逐步释放出它所蕴藏的巨大活力，但这又是一个痛苦曲折的实践过程。

十月革命后，国家没收了资本主义企业，建立国有企业。由于在十月革命前缺乏实践经验，许多做法基本上沿用了马克思和恩格斯设想的个别结论。例如，他在《国家与革命》一书中做了这样的概括：“整个社会将成为一个管理处，成为一个劳动平等和报酬平等的工厂。”这就是把高度集中统一作为经济管理的指导原则，整个社会只有一个经营层次，不存在每一个企业的单独经营，从而也就不存在生产单位之间的商品交换。而且，当时把管理工作看得比较容易，以为计算和监督之类的管理工作，已经“成为非常简单、任何一个识字的人都能胜任的手续——进行监察和登记，算算加减乘除和发发有关的字据”[②]。

实行新经济政策之前，列宁在设计新社会的经济管理体制时指出：要在新的基础上组织经济，没有工业的高度集中是不可思议的。为此，他提出了民主集中制的管理原则。他说：“我们目前的任务就是要在经济方面实行民主集中制，保证铁路、邮电和其他运输部门等经济企业在发挥其职能时绝对的协调和统一。”同时，要发扬民主、组织竞赛、注意地方特点等。在企业内部，实行一长制（也叫“独裁制”）和委员制（民主组织）相结合的原则。[③] 在管理方法上，实行泰罗制，并且吸收资产阶级专家参加管理，付给他们以高薪，号召共产党员和工人群众注意向他们学习管理的技能。

但是，战时共产主义时期，由于刚刚实现工业国有化，需要对原有的私人企业进行整顿和改组，要克服自己队伍中的工团主义，特别是由于战争的需要，列宁在管理体制上非常强调集中，要求高度的集权和高度的垄断。1918 年 6 月，他在对《国有化企业管理条例》草案的意见中指出：“共产主义要求全国大生产的最高度的集中。因此，应无条件地授权全俄中心直接管辖该部门的一切企业。区域中心按照全俄中心总的生产指示和决定，并根据本地的、生活上的及其他的条件确定自己的职能。”[④] 列宁的这一指示，后来成了苏俄经济管理体制的指导方针。在为俄共（布）八大起草的党纲草案中，列宁写道：“要实现共产主义，绝对需要在全国范围内把劳动最高度地最严格地集中起来。”[⑤] 正式通过的党纲提出这样的根本任务：“按照一个全国性的计划把国内所有经济活动最高限度地联合起来；使生产最大限度地集中起来。”[⑥] 当时认为，对国民经济实行集中管理是迅速发展生产力和保证大工业在经济中起领导作用的唯一手段，同时也是社会主义经济建设和使小企业服从社会需要的前提条件。

1918 年爆发的反对武装干涉战争，对社会主义第一个经济管理体制的最终形成起了催化作用。战争迫使国家用严格的手段把管理经济的一切权力都集中到自己手里，以保证胜利。当时，列宁明确规定社会主义经济就是“集中的经济”[⑦]。特殊的历史情况同上述那种管理社会主义经济设想的结合，就产生了所谓“总管理局制度”，并认为它是对管理社会主义经济具有普遍意义的“正常的形式”。在这种体制下，所有的工厂、仓库、商店等归一个总管理处管辖，由它调动一切，指挥一切。中央设最高国民经济委员会，下设各生产局（管理总局）；在地方上，州国民经济委员会、地区国民经济委员会、县执行委员会也设分支机构。企业按部门实行统一的管理，由各工业部的管理总局（如煤炭管理总局、造纸管理总局等）直接统管。根据最高国民经济委员会向全俄第八次苏维埃代表大会提出的报告材料，这种管理总局在 1920 年底

① 《马克思恩格斯选集》第 4 卷，人民出版社 1995 年版，第 691、693 页。
② 《列宁全集》第 31 卷，人民出版社 1985 年版，第 97 页。
③ 《列宁全集》第 34 卷，人民出版社 1985 年版，第 139、143 页。
④ 《列宁全集》第 34 卷，人民出版社 1985 年版，第 367 页。
⑤ 《列宁全集》第 36 卷，人民出版社 1985 年版，第 89 页。
⑥ 《苏联共产党代表大会、代表会议和中央全会决议汇编》第 1 分册，人民出版社 1964 年版，第 541 页。
⑦ 《列宁全集》第 35 卷，人民出版社 1985 年版，第 414 页。

共有59个（对这一时期管理总局无确切数字，有许多说法）。所有这59个管理总局又分为两部分：一部分是最高国民经济委员会下属的各个生产局，管理行业生产；另一部分如冶金管理总局等，则直属最高国民经济委员会主席团，它们管理着冶金系统中一些最重要的企业。一般来说，各管理总局都是通过这类特殊的托拉斯来管理企业的。

总管理局体制的特点是管理上的严格集中制，企业直接归工业部门的管理总局和最高国民经济委员会的生产局的管辖。在经济上，企业没有任何的自主权，它的一切活动都要听命于上级，完全按照命令办事。一无生产计划权，产品品种、规格、质量、数量都由总局规定；二无产品经销权，一切产品均由总局调拨，国家统一分配；三无材料设备的购置权，企业所需的一切原材料、燃料和各种设备均由国家拨发，企业凭领货单提货，不得自行购置；四无财务上的收支权，国家预算拨款是企业货币基金的唯一源泉，企业的任何收入统统上交国库，国家与企业之间、企业与企业之间的财务往来均不记账。因此，关于成本、利润和亏损很少有人过问。

从1919年1月起，国营企业及其经营活动免除各种征税，一切欠款都取消了，社会保险费用均由国家支付。企业职工消费品的供应由国家根据人头（分工种）按卡片拨给，在经济上完全是在全国范围内“吃大锅饭”。

这种国有企业的管理体制，使企业仅仅成为社会统一经济的一个车间，结果效率低下，职工无动力，企业无活力。列宁实行新经济政策前，国有企业几乎全部亏损。总管理局对企业的供应分散成由许多互不关联的机构来负责，供应的数量和时间又同企业的生产效率不发生直接的联系，只要一个供应单位出现问题或供应不及时，整个企业就得停产待料，后来这种现象愈来愈普遍。在国土辽阔、生产的基本要素极不固定、运输瘫痪、通信工具极差、缺乏经济核算等情况下，这种垂直式的集中化管理方法必然会使（州、市、区）各企业相互隔离，造成惊人的迟滞拖拉现象，妨碍生产力的发展，使经济遭到难以弥补的损失。

新经济政策允许自由贸易和货币流通，国家军事政治形势好转。市场交易的恢复，各企业间往来的加强，以及同私人企业家竞争的开展，在客观上提出了新经济政策的另一个重要问题：国营工业的组织形式如何克服前一时期那种妨害企业生产过程的、僵硬的管理体制和保证国营工业在同私人资本斗争中不致失败。

如何提高效率、扭亏为盈？1921年5月，列宁首先提出“每个大企业在支配资金和物资方面的独立程度和首创精神”①。接着，全俄苏维埃第九次代表大会决定：在严格经济核算制基础上，授予国营工业联合企业以合理管理企业所需的全部行政、经济权力。会议一致认为，新经济政策要求从根本上否定总管理局制的经营方法，必须坚决同一切企图复活这些工业管理方法的行为做斗争。

要把企业真正推向市场，必须把它变成独立的商品生产和经营单位。为此，对国营企业实行商业原则。列宁说：“国营企业改行所谓经济核算，同新经济政策有着必然的和密切的联系，而且在最近的将来，这种企业即使不会成为唯一的一种，也必定会是主要的一种。在容许和发展贸易自由的情况下，这实际上等于让国营企业在相当程度上改行商业的即资本主义的原则。”② 意思是说，正是基于市场经济的存在，才实行商业原则。

列宁把实践经验上升为理论。1921年秋，他在《按商业原则办事》一文提纲中勾画出一个公式③：

理论	c + v + m m——积累 ——国家费用	一般理论

这就是按马克思关于价值构成的理论来解释商业原则，其中“m”就是剩余价值符号。

关于商业原则，列宁在另一处讲得更为明确：国营企业改行所谓经济核算，就是在经营上按照资

① 《列宁全集》第41卷，人民出版社1986年版，第328页。
② 《列宁全集》第42卷，人民出版社1987年版，第366～367页。
③ 《列宁全集》第42卷，人民出版社1987年版，第240页。

本主义的原则，通过严格的经济核算推动企业“扭亏为盈”。利润要作为国家积累的源泉。他还明确要求增值作为剩余价值的转化形式的利润。“国营企业‘不亏损’，‘有赢利’，也是维护工人阶级的利益。”[①] 列宁多次号召“扭亏增盈”“获取盈利”[②]。1922 年11 月，列宁指出，无论用“通常的资本主义尺度”来衡量，还是用共产主义尺度来衡量，国家银行“获利”都是“好现象”，并将利润范畴同资本范畴连在一起使用。[③] 在列宁看来，国有企业追求剩余价值及其转化形式利润，是符合社会主义宗旨的。

列宁在上述公式中称之为“一般理论”的，就是马克思在《资本论》中所阐述的劳动价值论、积累和扩大再生产的理论。列宁强调“应当收回成本”，就是指价值补偿或回报。他把社会主义产品的价值仍然看作由三个部分构成：物化劳动消耗（c）＋活劳动消耗（v）＋剩余价值（m）。无论是微观经济还是宏观经济，积累的来源都在于剩余价值。联系当时的企业状况看，列宁强调的重点是企业的经济核算，实行盈利的原则，利用价值、价格、利润等范畴克服亏损现象，生产剩余价值，进而增加国家积累，实质上就是利用价值规律的作用，提高经济效益，然后在这个基础上进行扩大再生产，改善人民的生活。当时俄共（布）十二大的决议就强调国营企业要“创造剩余价值”,[④] 以此作为积累的源泉。这就把价值规律运用到社会主义经济生活的各个方面了。

从列宁的多次论述看，“按商业原则办事”具体包括如下内容：第一，一切企业实行经济核算；第二，企业面向市场，研究市场，适应市场的要求；第三，提高劳动生产率；第四，尽可能取得最好的经济效益；第五，从实际经济效益出发安排计划，包括集中生产、压缩企业数量、调整产品结构等。这就意味着，企业与企业之间，包括公有制企业之间，所应实行的仍然是等价交换的经济关系，一方不能无偿占有另一方的劳动。

这个过程说明，国有企业具有特有的两重性：它既有彻底社会主义经济单位的个性，又同时具有商品经济条件企业的一般共性。企业不是行政组织或福利机构，必须“经营有方”，企业之所以称之为企业，是因为它是承担一定社会分工而创造财富（包括价值和使用价值）的有生命的经济组织。国企则能够为劳动人民创造“剩余价值”，创造财富。这是一个给企业“松绑”的过程。可见国有企业必须在商品经济条件下拥有独立生产、经营的权利，随着生产和交换的进步而不断进行完善、创新，不能停顿僵化。历史地看，列宁仍是社会主义国有企业及其改革理论的首创者。

二、由被动执行命令的车间变为主动面向市场的生命体

列宁提出企业实行商业化原则及“经济核算”，赋予了企业以巨大的活力。“经济核算”一词，在新经济政策时期以前俄共（布）党的文件中就出现过［如俄共（布）第九次代表大会决议中］，但那时并不是指一个企业或一个经济组织，而是指全国的经济，是作为一种计算方法用于财政。实际上，即使这样也没有做到，而通行的是全国一家的“统收统支”。结果造成极其严重的亏损，仅 1921 ~1922 年全国工业就亏损约 1.5 亿金卢布。面对严重的亏损问题，列宁在 1921 年 5 月提出奖励按商业化原则办得出色的企业，扭转亏损局面。8 月 9 日，经列宁修改过的《人民委员会关于实行新经济政策原则的指令》指出，由最高人民委员会和它的地方机关经营的企业，“要实行精确的核算，即生产的一切费用完全用产品的收入来补偿”。8 月 16 日，颁布了人民委员会《关于扩大国营企业在拨款和支配物资方面的权力》的指示，试图改变财务上统收统支、物资上统一调拨、完全由国家包干的制度，扩大了国营企业在财务上的权

① 《列宁全集》第 42 卷，人民出版社 1987 年版，第 366、367、523 页。

② 《列宁全集》第 42 卷，人民出版社 1987 年版，第 70、243、367、369 页。

③ 《列宁全集》第 43 卷，人民出版社 1987 年版，第 259 页。

④ 《苏联共产党代表大会、代表会议和中央全会决议汇编》第 2 分册，人民出版社 1964 年版，第 282、427 页。

力，规定了根据生产计划供应资金的简易办法。10月27日，人民委员会又发布了《关于取消国家供给的企业实行产品的自行销售》的法令，规定国家不负责供给的企业（多半是轻工业）有权按市场价格销售产品，首先按国家计划满足国家的要求，其次是合作社的订货，然后才能满足私人组织和个人的订货。这就为实行经济核算逐步扫清了障碍。11月，列宁明确提出："我们不应当规避商业核算，而应当懂得，只有在这个基础上才能创造起码的条件，使工人不仅在工资方面，而且在工作量等方面得到满足。只有在商业核算这个基础上才能建立经济。"① 根据列宁的思想，12月俄共（布）第十一次党代表会议关于恢复经济的决议指出："经济核算制应该是经营所有国营工业的基础。"②接着，列宁在俄共（布）第十一次代表大会（1922年3~4月）上提出，经济核算制应作为国营企业经营管理的主要形式。

这个过程说明，列宁的经济核算制理论同商品经济的恢复和发展是直接相关的，而且直到全面地恢复市场，并逐渐确认社会主义建设初期必须利用发达的商品经济之后，才臻于完备。列宁写道："新经济政策，还有一个极其重要的方面：学习经营管理——'经济核算'——工厂管理部门和工会之间更加正确的相互关系。"③

恰恰由于实行了新经济政策，也才可能实行真正意义上的经济核算制。它存在的条件和环境是商品—市场关系。它的实质是商业原则或"资本主义原则"，即采取资本主义经营中合理的方法和原则，把企业如实地视为一个商品生产经营单位，认真学习资本主义的经营之道。他强调要善于经营：

"为什么不是'经营有方'？——贸易自由
——国家资本主义
——货币制度。"④

"经营有方"原意为有经济头脑，与经济核算、用商人的方法等基本含义是一致的。这里所列的三条是实行经济核算的客观条件，也就是当时建立在多层次经济结构基础上的商品、市场、货币关系。在市场经济条件下，任何经济单位如果不进行经济核算，不善于经营，就站不住脚。要生存就得"经营有方"，要发展更得"经营有方"，否则就要被挤垮。这一点早已为几百年的资本主义商品经济所证实。在社会主义条件下，只要存在商品经济和市场关系，就会有竞争，就有垮台的风险。

经济核算制的实行，使得国营企业发生了一系列新的变革。

（一）企业变成计划指导下独立的商品生产单位

它不能像战时共产主义时期那样，可以依赖国家统收统支，"吃大锅饭"，而必须以自己的经营收入补偿自身的支出，包括原料、燃料、动力的费用，固定设备的购置和补充，流动资金占用所付的利息（当时逐渐实行经费有偿使用），职工的工资和集体福利，还要上交国家税收和利润以及其他费用。同时，在物资供应上也取消了完全调拨的办法，企业对产品又有一定的销售权。这样，企业的运动就必然回到马克思关于资本循环的公式上去：

$$G—W—\cdots P\cdots W'—G'$$

在战时共产主义时期，企业生产运动是从物到物，没有流通过程，没有商品与货币两种形态的转换，企业不关心市场，也不关心自己的生产成本，一切听命于上级，一切都交给上级，一切伸手向上级要。企业当然没有主动性，没有经济头脑，没有生机。这一点甚至连自然经济下的小生产经营都不如。因此，必然出现"令人厌烦的"、"无能、懒惰"、投机倒把、盗窃、纪律松散、效率低下等现象。

实行经济核算制以后，企业的活动被纳入了计划指导下的市场经济轨道，按照商品生产循环规律运转，把生产使用价值和生产价值统一起来，把企业内部的运动同市场上的商品流转连接起来。企业

① 《列宁全集》第42卷，人民出版社1987年版，第239页。
② 《苏联共产党代表大会、代表会议和中央全会决议汇编》第2分册，人民出版社1964年版，第141页。
③ 《列宁全集》第42卷，人民出版社1987年版，第519页。
④ 《列宁全集》第42卷，人民出版社1987年版，第241页。

的动力直接地来自本身，就会主动地研究市场供求关系，主动地适应市场需要，提高劳动生产率，争取最好的经济效益。因此，企业就像生命整体上的一个细胞一样，具有内在的活力。这个活力，表现在资本的运动上即为加速周转（循环）。列宁在谈到国营托拉斯的资金问题时，要求“保证正常的流转并取得巨额利润”①。

（二）利用价值、成本、价格、利润等经济范畴进行精确的计算和比较

资本主义企业的重要经营方法之一是商业核算，其目的在于取得更多的利润。列宁指出：“国营企业‘不亏损’，‘有赢利’。也是维护工人阶级的利益。”②“从共产主义观点来看也是好现象。”③与资本主义所不同的是，它不是靠损害消费者的利益和剥削工人取得“不义之财”，而是靠提高劳动生产率、降低消耗、减少浪费等手段增加剩余价值。但是，在计算的方法上确有共同之处，社会主义企业也应当运用生产成本、生产价格、平均利润这样一些范畴，用货币的形式对生产费用和经济效益进行对比分析，找出提高经济效益的最优方案。用列宁的话说：“如果我们建立了实行经济核算的托拉斯和企业，却不会用精明的、商人的办法来充分保证我们的利益，那我们便是地道的傻瓜。”④这与战时共产主义“总管理局”的办法比较起来，是一个重大的变革。

（三）通过经济核算制把企业独立的经营权力、应承担的责任和应享受的利益结合起来，形成经营的多级层次

列宁提出提高企业的独立性和主动性，把生产经营的主动权交给企业，在一定程度上使企业能够根据市场的需要安排生产。他在莫斯科省党的第七次代表大会上分析当时企业的状况时说：“目前已有少数企业开始实行商业核算制度，按自由市场的价格支付工资，改用金卢布结算。但是这样的经营单位为数极少，大多数企业的情况还很混乱，工资与生活条件极不适应；部分企业已经不再靠国家的供给，一部分企业还要部分地靠国家供给。”⑤他强调，出路就在于让企业学会适应市场的环境。也就是让企业有权独立经营，使企业及其联合组织“享有广泛的经济自治权”，让“它们作为交换单位自由出现在市场上”。⑥

同时，权利和责任又是联系在一起的。“托拉斯和企业建立在经济核算的基础上正是为了要它们自己承担责任，而且要承担全部责任，使自己的企业不亏损。”做不到这一点，“就应当受到法庭审判，管理委员会全体委员都应当受到长期剥夺自由（也许过一定的时期可予以假释）和没收全部财产等的惩罚”。这就是说，企业领导人不但要对企业负经济责任，还要负法律责任，企业以法人的地位出现在经济舞台上。列宁曾经接连数次追问财政人民委员部等领导机关：“采取什么形式和办法追究托拉斯管理委员会委员们对不按规定呈送报表和经营出现亏损应负的责任，考虑好了吗？我们的司法人民委员部是否在睡大觉？这方面需要审理若干示范性的诉讼案，而且要采用最严厉的惩治手段。看来司法人民委员部不懂得，新经济政策需要用新办法给予新的严厉的惩罚。”⑦这里体现出市场经济运作与经济法规的关系。

经济核算制给企业和企业联合组织的权利和责任，又是以企业的经济利益为基础的，把企业的经济效果和全体职工的物质利益直接联系起来，以提高职工的收入。

经济核算制的理论和实践，意味着列宁修改了“整个社会就是一个工厂”的观点，把一个经营层次改为多级经营层次，在一个大的经济整体中存在

① 《列宁全集》第 52 卷，人民出版社 1988 年版，第 349 页。
② 《列宁全集》第 42 卷，人民出版社 1987 年版，第 523 页。
③ 《列宁全集》第 43 卷，人民出版社 1987 年版，第 259 页。
④ 《列宁全集》第 52 卷，人民出版社 1987 年版，第 252 页。
⑤ 《列宁全集》第 42 卷，人民出版社 1987 年版，第 237 ~ 238 页。
⑥ 《苏联共产党代表大会、代表会议和中央全会决议汇编》第 2 分册，人民出版社 1964 年版，第 263 页。
⑦ 《列宁全集》第 52 卷，人民出版社 1988 年版，第 252、267 页。

着不同的经营层次和利益层次，把社会分工与社会联系统一起来，把利益多元性与利益整体性统一起来。实质上，这就形成了商品经济的运行结构。

（四）企业的自主性和国家计划、国家监督的有机统一

经济核算制并不是要把企业变成一个完全不受约束的绝对独立的经济单位，而是要受国家计划的调节，把国家计划作为实行经济核算的依据之一。对此，俄共（布）第十一次党代会决议做了明确规定：企业的经济核算要以全国工业计划作为基本依据，企业和它们的联合组织要“根据所批准的生产计划和国家对它们所需物资供应不足的情况把自己的部分产品拿到市场上销售”①。对于国家监督，列宁非常重视，他指出：“有些国营托拉斯是不受监督的，是必定要发生危机的”。②除了司法监督外，更主要的是通过经济手段进行监督，包括财政、银行等。这就是说，经济核算制要体现整个国家的利益，体现企业与国家的正确关系。这不仅是一个具体的方法，而且是一种经济关系。

经济核算制理论是列宁在对资本主义商业核算进行扬弃基础上的一大创造。它作为商业原则最重要的内容，包括在列宁的社会主义商品—市场关系理论体系之中。对这个新的经营原则，当时一些人接受不了，好像马克思的本本中没有讲过，“在牢狱里没有人教过”，跳不出战时共产主义的框子。针对这种认识，列宁说：“成见和怀旧则妨碍进行这项工作。如果我们不估计到这一点，就不可能以应有的方式来实行新经济政策。”③

所有这些都是为了使国企“面向市场”参与竞争。我们今天讲的企业“市场化改革”，就是让国有企业摆脱较多的行政干预，具有更大的面向市场的活力。在社会主义市场中并不改变国有企业公有制的性质，而是更好地深入市场，发挥它“第一主体”的主导功能。

三、由死板的单一模式变为能够适应不断变化、多层次生产力的灵活多样的实现形式

国有企业既然是现代先进生产力的载体，就必须适应生产力的变化，不断改进组织与管理的形式。生产力在整个社会中并不是一个死板的物质形态，而是一个复杂的系统，它包括多种多样多层次的动力引擎，诸如对象不同业务不同，技术差别质量等次不同，从而使产品千差万别，在现代技术推动下和市场行情变动中更是灵活多变。作为生产力系统的特点，一定性质的生产关系也要显现多种具体实现形式，不能照搬照抄一种模式。这是内容与形式的辩证统一，内容决定形式，而同一个内容往往有多种形式表现；反过来说，形式也有相对的独立性，不同的内容也可能采用类似的形式。就经济生活来说，若干行业生产力都有不同的特点，有的差别甚大，如工业和农业就有重大差异，列宁曾强调过农业的特殊性。其他产业之间也是如此。由此看来，公有制形式有国有与集体的差别，而工业、农业内部又有不同的行业和业务，如农业中的畜牧业与种植业就不能照搬一个模式，工业中加工业和能源、采掘业差异也很大。要发挥国有企业作为先进生产力载体的巨大活力，必须面向市场。需要探索、选择多种多样且灵活高效的实现形式，列宁正是这样做的。

列宁提出的“商业原则”的另一个内容，是“尽量缩减企业数量，使企业集中”④。这一方面是出于当时的困难情况，另一方面也是借鉴了发达资本主义商品经济由集中形成大企业和企业集团的经验。此项原则在经济管理中的贯彻，引起了组织形式的一系列变化，改变了“总管理局体制”时期形成的一套高度集权的管理模式，并在经济核算制的基础上逐渐形成了集中与分散相结合的专业化联合的新管理体制的雏形。

所谓集中，就是把关系国计民生的、经营条件好的少数大企业集中到中央手中管理，由国家保证

① 《苏联共产党代表大会、代表会议和中央全会决议汇编》第2分册，人民出版社1964年版，第141页。
② 《列宁全集》第52卷，人民出版社1988年版，第349页。
③ 《列宁全集》第42卷，人民出版社1988年版，第239页。
④ 《列宁全集》第42卷，人民出版社1987年版，第241页。

供应。其余的交给地方，有的要关闭，有的要出租，有的按列宁的说法“扔掉”，大部分采取自负盈亏、独立经营的方式。

（一）组织托拉斯

不论是集中在国家手里的大企业，还是分散经营的小企业，都逐渐走向托拉斯化。1921 年 8 月 9 日列宁修改和签署的人民委员会的指令提出：“应该广泛地贯彻互为补充的企业联合的原则。”8 月 12 日劳动国防委员会的决议要求，在经济核算制的基础上把各工业部门技术装备较好的大型企业组织成为联合体。它们有一定的独立性，国家在计划范围内划拨一部分基金归它们支配。为了补充短缺物资，可以销售自己的产品，然后用以采购粮食、燃料、原料等。后来，其余的国家企业也采取了托拉斯的联合形式。几年之内参加托拉斯的企业达到 90%。大体上说，托拉斯分为四类：第一类是专业化托拉斯，如南方钢铁托拉斯、南方化学托拉斯、国营机械制造托拉斯、北方森林工业托拉斯等；第二类是把同一工业部门内各种不同但又彼此联系和相互补充的企业联合在一起，如纺纱和织布厂等，可以理解为产业链；第三类是围绕一种基本生产把本地区的其他生产也组成托拉斯联合企业，如化学煤炭托拉斯，联合了顿涅茨、沙多沃伊、斯捷考里内和其他化学工厂的基本化学产品生产以及 73 个大小煤矿，此外还包括砖厂、盐厂和修理厂等；第四类通常是将本地区生产同类产品的企业联合而成的托拉斯。到苏维埃第十二次代表大会前已组建的托拉斯有 430 个，其中大托拉斯有 172 个。这 430 个托拉斯下属 4144 个企业和 97.7 万名工人，其中直属中央的托拉斯有 130 多个。

企业的广泛托拉斯化，标志着“总管理局体制”的结束。托拉斯与总管理局的重大区别如下：

一是组织的性质不同。总管理局是行政机构，它同企业的关系是“发令”与“受令”的关系，企业没有相对的独立性，一切由总管理局决定。托拉斯是联合企业（开始时也有托拉斯是由总管理局换个牌子，实质是行政性质的，后来就改变了），要独立进行经济核算，企业对于它又有相对的独立性。托拉斯的使命不是一般的调节企业的供应和产品分配，而是要因地制宜地用经济方法管理生产，对企业的经营好坏负完全责任。企业作为一个联合体的成员，有权参与托拉斯的管理，重大决策要征求企业的同意。托拉斯实质上是以合同形式联合起来的企业集团。

二是管辖的范围不同。总管理局统管一切企业，即按行政系统划分管辖范围，形成“条条”，即所谓“垂直系统”，割裂了企业之间、地方之间、部门之间的横向联系，总管理局体制实质上等于建立在自然经济基础之上。托拉斯则基本上是根据专业化、经济合理化的原则组织起来的（开始也有托拉斯是用行政命令的办法划分的，后来得到纠正），它只包括联合起来确实能够有利于生产和经营的企业，不仅是同一个行业的，有的还包括不同行业的企业，不少托拉斯还打破了地区界限。这符合专业化协作的要求。

三是活动的方式不同。总管理局是行政机关，按照纯粹的“计划经济”组织生产和分配，根本不考虑市场，不经管商务。它适应“产品生产和产品分配”的要求，排斥商品生产。托拉斯则是企业组织，适应商品市场关系，把计划指导与市场调节结合起来。列宁在《关于南方钢铁托拉斯的札记》（1921 年冬）中，曾做过这样的设计：

“‘商业经理’ =
这三个厂的总管理机构
（南方钢铁托拉斯）
=……主管人的助手
（大商人）
（相当于高级的、最高级的专家）
市场销售 = 他的主要任务”。①

意思是：在托拉斯总管理处内，要聘请大商人担任“商业经理”，主要任务是负责“市场销售”。就是让托拉斯面向市场，全盘考虑经营效果。质言之，突出了企业的商业化原则，把市场营销放在重要位置。俄共（布）十二大指出，每一个企业

① 《列宁全集》第 42 卷，人民出版社 1987 年版，第 494 页。

“不仅在生产技术方面，而且在商业方面正确地安排工作，是具有决定意义的重要问题”。从企业到托拉斯，都要贯彻列宁“学会经商”的号召，成为既联合又自主的商品生产单位。

（二）辛迪加的建立

商品生产的活跃，需要一个新的专门组织去从事工业企业的商务活动。“没有正确的销售组织，生产成就在将来也会引起商业杂费的极度增加，引起部分的滞销，也就是引起商业不振的危机。”① 于是，托拉斯与托拉斯之间又在商业上联合起来，组织成各种形式的辛迪加。

辛迪加即贸易公司，其主要任务是组织和调节国营工业企业的商品流转，为托拉斯销售产品，购置原料，并把市场行情及时告诉托拉斯和企业，可理解为供应链和销售链。当时，在产品销售、原料购置上存在着国营企业和私人企业、国营企业与国营企业之间的竞争。为了协调各方面的关系，有关的国营企业在一起开会协商，逐步形成辛迪加。1922年，首先建立了纺织辛迪加，以后推广到盐业、制革、烟叶、石油、机械、冶金等行业。到1924年，已经有51%的托拉斯加入辛迪加，后者控制了90%以上的商品批发业务，特别是轻工业产品，在纺织业中占89.7%，在制革业中占95.1%，在盐业中占97.6%，在面粉业中占100%，在石油业中占95.3%。它们沟通了工业和市场的关系，防止托拉斯之间有害的竞争，有利于调节企业流动资金，减少商业的杂项开支，并在排挤私商的斗争中起了重大作用。

值得注意的是，由于辛迪加主要承担购销的中介职能，这就使它有可能在一定程度上控制托拉斯和企业的生产活动。由于辛迪加联系市场，了解行情，掌握供求关系，熟悉消费者对产品品种、质量、花色、规格和数量的要求，因此能向生产企业提出比较符合实际情况的供销计划。行情有了变化，它能及时通知企业修订计划，对畅销产品大批量生产，对滞销产品减产、停产或转产，并在原料供应上予以调节。由于它和托拉斯是一种合同关系，对于不符合规定要求的产品可以拒绝收购，或折价收购。它还设有技术研究机构，负责研究新技术和新产品，促进托拉斯和企业提高技术、改进工艺，生产新产品。辛迪加对于辅助执行国家计划、发挥市场的调节作用有重大的意义，实际上就是工商企业之间的联合，有的是供产销“一条龙”。

列宁选用了多种混合型的形式经营国有企业。值得注意的是，他把所有权和经营权分离的理论以特殊的“委托—承租”的形式运用于国有企业。对于这种关系，列宁把它区分为三类。

第一类是作为国家委托人的集体承租经营。1921年5月，工程师莫伊谢耶夫在一份报告中说：“现在形成了这样的一种情况，好像工厂管理委员会是个承租人，唯一不同于工厂的区别（原则上无疑是非常重要的）是：工厂是国家企业，而工厂管理委员会只是国家的委托机关，……”列宁在“好像工厂管理委员会是个承租人”一句话下面连画了三道线，旁边写了“对！”。② 按照这个见解，列宁把国家和国营企业中工厂委员会之间视为一种特殊的“委托—承租”的关系，这就把所有权和经营权分开了。不久，他又专门回信肯定“非常正确”，同时强调，这类情况不是原来意义上的租赁。以国营农场占有为例，“国家是所有者，国营农场的租赁者则耕种。这实际上不是租赁者，也不是原来意义上的租赁，这不如说是管理权的转移”。“这是一种特殊形式。”看来，列宁对国有经济内部的产权关系还处在探索中，尚无定论。所以，他说：“应该更详细、更周密地研究这个问题。”但对于国家的所有权他是坚持不疑的，认定国家是国有经济的“产权人”。③ 可见，他主张两权分离。

第二类是私人承租国家的企业。列宁对于一份报告中提到的“私营组织和个人”不应受监督的意见批示：“对吗?? 不对！私营的 = 苏维埃的，

① 《苏联共产党代表大会、代表会议和中央全会决议汇编》第2分册，人民出版社1964年版，第267、265页。
② 《列宁全集》第60卷，人民出版社1990年版，第401页。
③ 《列宁全集》第51卷，人民出版社1988年版，第506～507、291、198页。

是出租的。”[①] 他还在有关此事的一封信中明确地说：“从苏维埃政权那里承租的企业也是苏维埃企业。”[②] 联系到其他论述，列宁有时把这一类型划为国家资本主义的一种形式，实际上也是国有企业的一种经营方式。

第三类是运用股份制的形式，与国内外的私人资本联合建立合营公司，“这种公司的资本，一部分属于私人资本家，而且是外国资本家，另一部分属于我们”，[③] 还有一部分是与私人资本合营。实际上，这是一种有限责任公司的形式，即混合经济。如俄英林业股份公司、俄荷林业股份公司，各有股份，而苏俄占优势。俄德运输公司虽然由德方任董事长，但其决策必须由苏维埃批准。国营百货公司则是由几个部门合办的股份公司。皮革原料国内外贸易股份公司又是几个部门同外国联办的股份企业。列宁在俄共（布）十一大把建立合营公司作为一条重要的经验。“我们现在有了一些合营公司。诚然，这种公司还很少。”列宁希望建立得更多一些。[④]

对加强国有企业内部管理，列宁也采取多种形式。他的管理思想的立足点在于管理的二重性。由于资本主义的基础是社会化大生产，在几个世纪中积累了丰富的管理经验，所以他强调向资本主义学习先进的、科学的管理方法，为社会主义服务。现在看来如果说企业组合和联系是社会化大生产的外部表现，那么企业内部的协调乃是社会化大生产规律的内在表现。他要求国企“要比以前的资本家管得更严。否则，就不能打败他们（指资本主义势力——引者）”。[⑤] 列宁特别分析了发达资本主义国家的市场竞争与科学管理的关系：商品经济愈发达，市场竞争愈激烈，而激烈的竞争必将推动企业内部技术和管理的改进，停止则意味着失败，继而被淘汰，外部的竞争压力必然导致内部管理的科学。这是一种趋势，一种内在的机制。“资本主义不可能有一分钟原地不动。它必须前进再前进。危机时期特别尖锐化的竞争（同我国的一样），迫使不断发明新手段来降低生产费用。”在自由资本主义阶段，竞争的压力所带来的主要是外延扩大再生产，进入垄断资本主义发达的市场经济阶段，竞争压力则带来外延和内涵并重的扩大再生产，并且内涵式生产愈来愈占主导地位。泰罗制把新的技术和管理结合起来，构成内涵扩大再生产的重要形式，“迫使不断发明新手段来降低生产费用”，使得“劳动生产率大大提高了！”[⑥]

上述丰富的内容，体现了列宁在领导国有企业中原则性与灵活性统一的辩证思维。列宁的实践和理论表明：在创新方面，国有企业要发挥好主导作用，既要坚持它的根本属性和宗旨，也要创造为实现其属性和宗旨的灵活多样的经营之道、实现形式、管理形式，不断提升竞争力。这本身是一个深化改革的过程。这种改革，不是削弱了国有经济，恰恰是更好地发挥了国有企业的巨大优势。

四、对深化国有企业改革的启示

列宁关于国企改革的论述，已经过去近百年，正反两方面的实践都证实了这些论述的正确性。我国现今的条件和环境发生了重大变化，社会主义建设特别是改革开放40多年的探索，比之当年列宁的理论和实践要丰富得多，中国特色社会主义理论开拓了社会主义和政治经济学新境界。为深化理解国有企业不断改革的方略，我们需要从列宁的历史经验中获取有益启示。

第一，国有企业作为“彻底的社会主义企业”，一定要成为现代社会化先进生产力的载体，坚持增强它对整个国民经济发展的主导地位始终不能动摇。国企改革的宗旨是进一步壮大它的活力、创新力、竞争力、控制力、影响力、抗风险能力，增强全部公有企业的主体地位，使其成为化解人民日益增长的美好生活的需要和不平衡不充分的发展

① 《列宁全集》第60卷，人民出版社1990年版，第454页。
② 《列宁全集》第52卷，人民出版社1988年版，第277页。
③ 《列宁全集》第43卷，人民出版社1987年版，第284页。
④ 《列宁全集》第43卷，人民出版社1987年版，第89页。
⑤ 《列宁全集》第4卷，人民出版社1984年版，第683页。
⑥ 《列宁全集》第24卷，人民出版社1990年版，第398、399页。

之间的矛盾的主力，成为战胜国际垄断资本主义、建立人类命运共同体的经济中流砥柱。因此，要始终把握好国有企业改革的大方向，不能偏离。

第二，随着现代科学技术、现代社会化生产力的飞速发展和国内外市场的变化，国企不能固守一个模式，需要通过不断深化改革，不断完善、改进、提升，保持它的先进性。毛泽东在批评苏联《政治经济学教科书》时认为，“实现公有制人们就自觉地掌握规律”的看法，是“把事情说得太容易了”，“这要有个过程，也要经过实践和学习的过程”，“从来没有什么先知先觉”。[①] 我们的认识、方略不能固化，以为前人设计的具体形式都是完美的、不可改变。回顾历史，我国的国企也长期受僵化的计划经济体制制约，存在许多弊端，其活力受到不少条条框框的禁锢，至今未得到彻底释放；况且生产力在发展，经济全球化在曲折中不断深化，国际经济斗争异常复杂多变，国企改革更需要走在前列。所以那种认为改革到头的认识是形而上学的，脱离了如今中国和世界发展形势的大局。从理论上说，离开生产力的发展空谈所有制高级化，就会陷入历史唯心论，100多年来已有多次深刻教训。逆水行舟，不进则退，不改革实际上是在削弱这一“彻底的”社会主义经济的主导力量和实现共同富裕的主要基础。坚持国企不断深化改革，同样不可动摇。

第三，把我国国企改革视为私有化的认识是片面的、肤浅的、混乱的。单从企业（市场主体）的数量和GDP的比重看，国有经济似乎是减少了，而深入考量，这种看法是只看树木不见森林。如果不分大小，中小企业、个体户的数量当然为数众多，但它们多少个才能顶得上一个大企业的力量？从世界各国看，决定国家命运的是大企业，中小型企业、个体户只能起辅助作用。2019年，从世界500强企业的数量看，我国总数排世界第一，其中大陆的国有企业占68.22%。这符合列宁所说的“国家支配大的生产资料”的要求。[②] 不仅要看数量（如占GDP的比重），更重要的是看质量，最关键、最核心的要看它是否操纵国民经济命脉。正如列宁所强调的：“我们掌握了一切经济命脉，我们掌握了土地……这一点很重要”，“今后我们的一切活动都应当在这些范围内展开”。[③] 因此，最重要的是国有企业掌握国家经济命脉。

第四，国有企业面向市场，按照市场主体重塑自身，即按照社会主义市场经济方向改革，简称“市场化”。这是不是私有化，违背了社会主义要求？从理论上说，也混淆了概念，市场化属于交换范畴，是“经营有方”的要求，而私有化属于所有制范畴，即改变所有制关系，正如市场经济一般，其具体实际则分为资本主义市场和社会主义市场一样，作为市场主体的企业虽然同属承担一定社会分工的交换经营单位，但也会区分为不同所有制的企业。既然我们实行社会主义市场经济，而且国有企业主导市场，决定市场经济的性质，笔者把它称为社会主义市场经济的“第一主体”。因为任何性质的市场经济都存在多种成分和经济类型（多种主体），但起关键作用的是“第一主体”。在资本主义市场经济中是私人大资本起主导作用，为数众多的中小企业和个体经济必须受其支配。在社会主义市场经济中，参与交换活动的各种成分，最终要由国有经济决定活动范围，影响经济走向。这表明国有企业在社会主义与市场经济结合中起关键作用。它同市场呈现决定反决定的双层关系；所有制结构决定市场经济的性质，市场经济又反过来影响企业的经营形式和方法。列宁曾形象地比喻：在市场关系下“和狼在一起，就要学狼叫”。[④] 所以，他主张企业实行“商业化原则”。这并不是私有化。

有的学者认为，公有制经济特别是国有企业在市场上交易量并不占优势，而左右市场的是私有成分。对此，应当透过表层现象看本质。不错，在消费市场门店里，特别是在集贸市场上，人们看到的是大量的小生意经营者，但大的批发商特别是有战略意义的产品供求力量掌握在国家大企业手里，如

① 《毛泽东文集》第8卷，人民出版社1999年版，第104页。
② 《列宁选集》第4卷，人民出版社1995年版，第768页。
③ 《列宁选集》第4卷，人民出版社1995年版，第725页。
④ 《列宁选集》第4卷，人民出版社1995年版，第615页。

粮食、石油、天然气、电力、铁路运输、大的制造业等，由国家控制，平抑市场物价由国有企业的仓储物资实现，更不要说主要生产资料更是国有经济支配了。我国市场之所以稳定，压舱石正是国有企业。政府实行逆周期调节，经济力量就是国有经济。当年，列宁就提出国家要成为大的“批发商”，“掌握商业，引导商业，把它控制到一定的范围内，这是无产阶级国家政权能够做到的”。[①]

这里还要利用好上层建筑的反作用。学者们容易把上层建筑作用划入政治学，而不认为是经济学的事。这不过是一种学术上的划分，实际生活则是一个整体，各种因素经常交互起作用，恩格斯说过，“暴力（即国家权力）也是一种经济力量”“整个伟大的发展过程是在相互作用的形式中进行的”。[②] 列宁在强调社会主义方向时，也多次将两者联系在一起作为一个整体谈决定力量：“国家支配着一切大的生产资料，无产阶级掌握着国家政权……难道不是我们所需要的一切?”[③] 国有企业同上层建筑的联系最为直接。国有企业的所有者是国家，它既有政治力量，又有经济力量。所以，国有企业能够成为社会主义市场经济的“第一主体”。

第五，辩证地理解国有企业的多种实现形式，就要全面理解形式与内容的关系，要用扬弃的辨证方法利用资本主义市场中的许多形式。如今，我们实行社会主义市场经济体制之后，国有企业实现形式和管理方法多样化，有些同志认为走了样。上面已经论述了列宁当年就做过大胆的实验。这不会改变国有企业的根本属性，而是使它更适合发展着的多层次生产力系统和市场竞争的需要，比如两权分离、股份制、合营等。这里涉及对所有权的权能分割的理论。马克思在《资本论》中讲地租关系就是所有权与经营权的分离。列宁在论证土地经营时，就讲过“所有权、占有权、支配权、使用权”的分离与联系。[④] 现在我们更灵活地对国企进行重组、联合、股份制改革等，这不是丧失所有权，特别是国家主要管资本，少管企业具体经营，使国企更有独立运作的活力。

国有资本同其他成分组成合营，也是发挥国企控制力的一种形式。列宁当年就说过：“我们已经有了同俄国资本家和外国资本家合办的公司，数量还不很多”，还应扩大发展。他批评一些人“多么不灵活，多么笨拙，证明我们还有多少奥勃洛摩夫习气（指土地主的保守性——引者）”。[⑤]

至于管理的形式更应根据生产经营的需要采取科学管理的多种方法，不能沿用一个模式。一些管理形式也可以吸取了西方公司制的经验，这并不是西化，而是洋为中用，对经营有好处。对此，不应硬套原来的公式。

第六，充分发挥党的领导作用，这是搞好国企的政治保证。党的领导是中国特色社会主义最本质的特征和最大的优势。列宁当年特别强调这一点：“这个小小的核心（指党组织——引者），给自己提出了改革一切的任务，它一定完成这个任务”。[⑥] “现在我们需要有比以前在国内战争中表现出来的更大的灵活性。”[⑦] 我们管理国有企业必须始终如一地贯彻和强化党的领导，深化改革，不走邪路。以习近平总书记为核心的党中央曾多次强调，深化国有企业改革，要沿着符合国情的道路去改，要遵循市场经济规律，也要避免市场的盲目性。《关于深化国有企业改革的指导意见》发布已六年多，从中可以清晰地看出，以董事会职权为代表的现代企业制度改革、部分重要领域的混合所有制改革以及以改组组建国有资本投资运营公司为手段的国有资产管理体制改革，成为国有企业改革最重要的三个内容。其中最重要的是要坚持党的领导，在深化改革中保证国企彻底的社会主义企业属性，发挥好自身的强大优势。

---

① 《列宁选集》第 4 卷，人民出版社 1995 年版，第 615 页。

② 《马克思恩格斯选集》第 4 卷，人民出版社 1995 年版，第 705 页。

③ 《列宁选集》第 4 卷，人民出版社 1995 年版，第 768 页。

④ 《列宁全集》第 16 卷，人民出版社 1988 年版，第 302 页。

⑤ 《列宁选集》第 4 卷，人民出版社 1995 年版，第 765、766 页。

⑥ 《列宁选集》第 4 卷，人民出版社 1995 年版，第 737 页。

⑦ 《列宁选集》第 4 卷，人民出版社 1995 年版，第 734 页。

【国资监管体制改革】

新时代国有经济监管体制改革研究*

张嘉昕　王艺斌**

［摘　要］中国特色社会主义进入新时代的基本前提为国有资产监管体制的运行提出了更高层次的要求。国内学术界围绕新时代国有资产监管体制改革发展的有关问题进行了广泛且深入的研究，取得了不少理论成果。本文以学术界在国有资产流失、国有企业高负债化解、“僵尸企业”运行、以“管资本”为核心的国有资产监管体制的建立和EVA评测体系等方面的研究为基础，重点分析新时期国有资产监管体制建立的基本内涵和所要解决的重点问题。我们认为，已有的研究对现有国有经济监管体制的漏洞进行了系统的分析，并提出了相应的改革措施，但是在系统化推进改革措施的条件下仍有不足，未来的研究方向是具体政策的落地实施。

［关键词］国有企业；国有资产监管；“两个毫不动摇”；“管资本”；国有资产流失

党的十八大以来中国特色社会主义进入新时代，国有企业在深化改革和创新发展方面取得重大成就。在“两个毫不动摇”“两个一以贯之”“三个有利于”等基本方针的引领下，通过实施国有企业混合所有制改革、建立国有企业现代企业制度和国有企业经营体制改革等具体政策措施，国有企业在我国社会主义市场经济体系中所发挥的地位和作用不断提升，为国民经济整体稳定高质量发展起到了至关重要的作用。但是，在已经推进的国有企业改革中，诸多矛盾与问题依旧存在，国有资产流失和国有企业高负债运行等问题层出不穷，需要对现阶段国有企业运行过程中出现的问题进行系统总结，以便下一阶段进一步提升国有企业监管水平。

长期以来，国有企业在改革过程中一直存在着国有资产流失、高负债运行和“僵尸企业”等多方面的问题。一方面，由于国有企业改革进程的不断推进和以管理层收购、混合所有制为形式的国有企业改革方式与手段的不断完善，国有企业和国有资产的形式在不断发生着变化，国有企业的监管体制需要与时俱进不断强化；另一方面，伴随着银行信贷不断宽松和国有企业的政府隐性担保条件以及企业管理层晋升机制的刺激作用，近些年国有企业的运行债务水平和整体负债率在不断升高，新型监管和评价体系的建立迫在眉睫。

伴随着以“管资本”为核心的新型国有资产监管体制的建立，国有资产监管体制的改革与完善进入了新的阶段。以“管资本”为核心的国有资产监管建立的核心是成立国有资本投资公司和国有资产运营公司，并在此基础上对原有的国有企业和已经实施混合所有制改革的国有资产实施分层分类改革，通过引进资本化的运营方式和运营手段保障国有企业的保值增值，推动国有企业的改革与完善。新型国有资产监管体制的建立还包含新型国有资产评价体系的建立，通过引入EVA评测体系改革原有的以会计利润为核心的国有资产评价体系，推动以创新驱动为核心的国有企业运行评价体系的建立，改革国有企业投融资结构和水平，进一步推

* 哈尔滨工业大学中央高校基本科研业务费（AUGA5710001620），教育部人文社科重点研究基地重大项目“中国国有企业创新驱动发展研究”（16JJD790017）。

** 张嘉昕，经济学博士，哈尔滨工业大学马克思主义学院教授，博士生导师（哈尔滨，150006）；王艺斌，经济学硕士，南开大学经济与社会发展研究院硕士研究生（天津，300071）。

动国有资产运行评价体系运行和完善。通过国有资产监管体制的建立、健全及完善，可以有效保障以国有企业和国有资产为核心的国有经济自身性质和优势的发挥，推进社会主义市场经济体制健全和完善。通过不同类型监管手段相互结合，更好地完善对国有企业和国有资本的监管体制，为国有企业和国有资本的日常活动赋予更多自主权，保障其在市场竞争中的活力及其在国际市场上的竞争力。

一、国有资产流失

国有资产流失一直是国有企业改革与发展过程中最突出的矛盾之一，也是国有资产监管体制所关注的核心问题。国有资产流失发生在国有企业运行与改革过程的方方面面，并一直在制约着国有企业和国有资产的改革发展与完善，不同学者基于不同的研究角度为国有资产流失的定义和检验做出了多方面的定性和规范。就具体表现而言，混合所有制改革、海外投资、"去产能"政策的出台和国有资本闲置等方面的因素都限制了国有资产运营功能的充分发挥。就监管途径而言，核心是建立现代企业监管制度，完善党组织的监管职能，充分发挥国有企业的审计优势并完善外部资本流通市场以保障国有资产价值衡量的客观性和有效性。

（一）国有资产流失的定义和背景

学术界一般从广义和狭义两个角度来定义国有资产流失。广义而言，国有资产流失是指国有资产在投资、经营、管理等过程中发生的资产价值减损的所有情况；狭义而言，国有资产流失是指由于相关责任主体的过错，在国有资产运营过程中因非正常经营风险造成的资产价值减损。黎桦（2016）认为，与广义概念相比，狭义概念中的国有资产不包括非经营性国有资产和资源型国有资产，因此更加便于衡量经营过程中的国有资产流失。

我国公众和学术界对国有资产流失的争论起源于2004年的"郎顾之争"。两人基于采取管理层收购式的国有资产改革是否会引发国有资产流失进行激烈了讨论并引发了社会的广泛关注，学术界在回顾两者争论的同时也对国有资产改革与国有资产流失间关系的问题展开了广泛的研究（郑红亮，2018）。学者普遍认为国有资产流失主要是非市场化的交易机制和制度环境不协调等因素造成的。胡改蓉（2017）认为，我国立法者应该摒弃国有资本"刚性资本"的思维，坚持"行为规范"理念，通过市场化、透明化的角度对国有资产流失认定的相关法律进行规范，从而既保护国有资产安全，又推动改革，提升改革效率。林毅夫（2017）认为，持制度环境不协调论的学者基于制度学的角度研究发现，国有企业自身治理结构的不完善和企业所承担的社会责任与政治负担不协调造成国有企业缺乏自生能力，进一步导致国有资产监管缺乏和国有资产流失等问题。

学术界对国有资产流失问题的关注集中于国有资产运营体制改革推进过程中所暴露的诸多问题。部分学者基于改革红利论的观点提出运用国家力量对国有企业改革过程进行监督管理是目前国有企业实现保值增值目标的重要途径，国有企业改革与否的决断要基于其改革行为是否基于公众本意，公开监管是保证国有资产流转过程中不发生流失的重要手段（侯普光等，2013）。国有资产是社会主义制度的基石，对国有资产的管理把控和促其保值增值的过程的核心是不断寻求更适宜的国有资产存在形式和运作方式的过程，以实现管理治理的职责目标。

（二）国有资产流失的具体表现

黎桦（2016）基于国有资产运营流程将国有资产流失具体划分为投资流失、管理流失和交易流失三种，并总结罗列出不同性质的国有资产流失所具备的不同特点。具体而言，投资造成的国有资产流失更多地基于管理者主观故意，管理造成的国有资产流失更多地发生在企业内部，交易造成的国有资产流失更多地基于内外勾结，且这三种国有资产流失发生在国有企业改革的不同时期，伴随着国有企业改革进程的推进而逐渐发生变化。根据国有资产流失的途径，学术界对国有资产流失问题的关注点主要集中在以下方面：

第一，混合所有制改革与国有资产流失。官欣荣等（2013）认为，国有企业的改制与重组过程中缺乏监督与管理一直是国有资产流失的重要途

促进企业资本结构优化调整，降低非国有企业在职消费类的代理成本和国有企业的无效率经营类的代理成本。

第四，政府负债传导效应。我国地方政府债务与国有企业债务之间一直存在着微妙的联系。罗栋梁等（2016）的研究表明，地方政府会通过政府负债和政府补助的形式帮助当地以国有企业为代表的龙头企业，且地方政府债务可以显著“挤出”地方国有企业债务。就具体作用形式来说，政府负债可以通过官员晋升激励效应（赵宇，2019）、政府的隐性担保（吴秋生等，2019）、地区协同效应（李志生等，2018）等形式对国有企业负债产生多重影响。

第五，对外投资与企业负债。苏莉等（2019）对上市公司海外拓展步伐与企业负债的实证研究发现，对外直接投资战略显著提升了企业的总负债水平和长期负债水平。中国政府有关企业开展对外直接投资（outward foreign direct investment，OFDI）的融资优惠政策以及对不同产权性质企业的优惠融资政策差异会影响企业的债务状况。

（三）国有企业运行负债监管及化解措施

目前，国有企业高负债运行的问题同地方政府债务、银行风险和对外投资等多方面问题相互交织，共同构成国有企业、金融机构和宏观经济运行整体风险，通过合理措施优化国有企业负债监管结构和监管水平是国有资产监督管理体制改革与完善的重要标志。目前，国内学术界针对国有企业高负债率监管体制完善的建议主要基于以下两个方面：

第一，预算与营运制度调整。陈艳利等（2017）研究发现，现行的国有资本经营预算制度可以有效促进国有企业的价值创造，但是在国有企业过度负债的情况下，现行国有资本上缴比例和国有资本经营预算制度对企业价值创造的促进作用并不明显。李昕潼等（2018）认为，通过实施EVA考核等监管和评测体系可以有效提升对国有企业总体负债的监管水平。

第二，积极推动金融体系改革与发展进程。马大来等（2015）通过实证研究认为，金融发展虽然会明显提升区域内企业负债水平，但是却可以有效降低企业所有制结构对金融体系授信的影响，促进金融资产合理配置。吴静桦等（2019）通过进一步研究发现，银行放宽利率管制可以有效促进所得税减免对国有企业降低债务规模的作用。黄小琳等（2015）的研究也表明，部分企业持股金融机构可以有效改良企业资产负债结构，提高企业债务资金配置效率。陆桂贤等（2016）的研究也表明，金融深化会通过优化地区资本配置效率进而促进国有企业负债和合理配置，达到对国有企业高负债率优化监管的作用。

三、“管资本”

以“管资本”为代表的国有企业新型监管体制的建立为新时代国有企业的改革与发展奠定了坚实的基础。长期以来，针对国有企业运行过程中的多重委托—代理关系导致的国有企业运营效率低下，以及国有企业改革导致国有资产流失的争论一直备受学术界关注。国有企业在调整自身经营范围与经营领域、提高自身经营效率并发挥主导性作用的过程中也依赖于政府和国有资产管理部门的有效监管。以“管资本”为代表的国有资产新型管理体制的核心是建立国有资本投资与运营公司，以现代化资本主导的制度来保障国有企业中市场在资源配置中的主导性地位，同时为国有资本改革与完善提供有利条件。

（一）国有资产监督管理体制的发展

2003年以后，中央和各地方相继成立国有资产监督管理委员会，建立以“管人管事管资产”和“管企业”相结合的国有资产监管制度，初步解决了国有企业运行过程中存在的“内部人控制”和多部门监管导致的“九龙治水”等诸多问题（张卓元，2016；何小钢，2018）。但是，国有企业和国有资本运行过程中政企不分和政资不分的问题依旧没有得到很好的解决，国有企业的市场主体地位的确立和国有资产流失之间的悖论依旧没有得到很好的解决，这一方面阻碍了国有企业改革进程的推进，另一方面也进一步阻碍了国有企业主导性作用的进一步发挥。

针对现行状况下国有企业监管过程中存在的诸多问题，中共中央明确提出建立以“管资本”为主的国有资产监管体系，推动国有企业从实物经营到资本经营的转变。戚聿东等（2019）认为，以“管资本”为主的新型国有资产监督管理体制可以在保证国有企业脱离行政干预、加强自主经营与市场属性的同时，进一步精简国有资产监管机构规模并控制政府行政干预行为。何小钢（2018）认为，从以“管企业”为主的国有资产管理体制向以“管资本”为主的国有资产管理体制转变的核心是成立国有资本投资运营平台公司。

袁东明等（2019）认为，完善以“管资本”为主的国有资产管理体制，一方面需要理清政府与国有企业之间的关系，进一步推进国有企业经济战略布局结构调整；另一方面是加快国资监管的制度调整，进一步推进企业经营清单管理，简化审批程序和运行结构，提升运营效率。王曙光等（2016）认为，“管资本”作为国有企业整体改制以及国有资本管理框架的重要组成部分，管理的切入点在于国有企业，管理的核心是国有资产配置和海外资产监管，管理的最终目的是呼应国家治理转型，体现市场化资源配置方式，优化产业结构，实现企业股权多元化。

（二）以“管资本”为核心的国有资产监管体制

我国国有资产监管体制经历了从“管企业”到“管资产”再到“管资本”的转变，改革过程中包含对政企分开、政资分开和资企分开的不断探索。柳学信等（2019）认为，新型国有资产监管体制的完善涉及国有资产投资运营公司的构建、国有企业分类改革与监管和国有企业法人治理结构的完善等多方面的内容。罗华伟等（2014）认为，以“管资本”为核心的国有资产管理体制的改革还涉及国有资产管理主体的诸多问题，确立以全国人民代表大会作为国有资本终极所有者代表的宪定地位，通过立法和专门委员会、国家董事和国家监事等法制化管理国有资本，是解决我国国有资产管理体制改革困局的重要举措。

胡锋等（2019）、张桂芳（2017）认为，以“管资本”为主加强国资监管是对国有资产监管方式的重大转变，有利于国有资本的布局结构优化、国有企业供给侧结构性改革的推进和国有企业活力的提升，是一项系统工程，除顶层制度设计外，还需要推进国有资本投资运营公司市场化运作、完善国有企业公司治理结构、实施负面清单监管等多方面举措共同推进。就最终目的来看，以“管资本”为主的国有资产监管体系的建立和的核心是推进政企分开、政资分开、所有权与经营权相分离。

构建以“管资本”为主的国有资产管理体系具有三方面的意义。一是实现存量体制改革到增量价值创新目标，进一步提升国有企业价值创造能力（王凡，2017）；二是有助于更好地协调政府与市场在国资监管中的作用，明晰产权关系，进一步推进“政企分开”（戚聿东等，2019）；三是有助于实现市场在资源配置中的决定性作用，进一步发挥国有企业主导性作用优势（袁东明等，2019）。

（三）“管资本”的核心——国有资本投资公司

王志强（2019）认为，当前，以“管资本”为代表的国有资产监管体制改革的核心在于国有资产监管机构与国有企业间的距离化设计，通过引入“保持距离型”理论，解决国有资产经营管理过程中政府与企业间的关系问题，为国有企业所有权与经营权相分离提供条件。国有资产监管机构与国有企业间距离化设计的核心是国有资本投资运营平台公司。国有资产投资运营平台公司在国有资产监管机构和国有企业间建立了“隔离层”，通过“国资委—平台公司—经营性企业”三层架构的实质性运行更好地实行市场化运营和专业化管理（何小钢，2018；王志强，2019）。

国有资本投资公司的建立具有以下三方面的意义：

第一，将资本运作职能与企业主业相分离，推动国有企业聚焦于国有资产运营建设。推动国有企业主业回归于实体经济与创新领域，实现国有资本运营与国有企业经营各司其职（文宗瑜等，2018）。

第二，执行国有股权转换器和政府干预阻断器功能。国有资本投资运营公司可以通过间接授权和直接授权下出资人与公司之间法律关系的厘定和出资人职责与权利边界的廓清、董事会成员中政府董事与社会化董事的博弈与结合、经理层由行政化向市场化转变的契约治理，以及“党组织管事、纪检监察机构管人、全国人大管资本”的联动监督机制等几个方面（胡俊，2019）。

第三，从决策、激励监督、制衡三个方面优化治理机制。国有资产投资公司可以优化企业高管与职员薪酬激励政策，实行员工持股计划和股权激励计划等措施深化监督机制改革（马忠等，2017）。

（四）“管资本”与混合所有制改革

张文魁（2017）认为，长期以来，发展混合所有制经济“遇冷”的重要原因之一就是现行国有资产监管体系与混合所有制经济难以兼容，原有的以“管企业”为主的国有资产管理体制的监管范围难以覆盖混合所有制改革之后全部的国有资产，且其监管治理方式涉及过多的政府干预，对混合所有制企业的治理产生了负面效应。贾可卿（2019）认为，在混合所有制改革过程中，处在自然垄断和国民经济命脉领域的企业应保持国有独资控股，处在商业竞争类领域的国有企业则应转向以“管资本”为主，以国有资本保值增值而非控股为目标。

混合所有制在宏观上指混合所有制经济，在微观上指混合所有制企业。当前我国经济增长动能已经由要素驱动转向创新驱动，建立以“管资本”为核心的国有资产监管体制进而推动国有企业产业结构和国有资产资本配置体系的进一步完善是国有企业改革与发展的重中之重（李峰等，2018）。王曙光等（2016）认为，构建以“管资本”为核心的国有资产监管体系的核心是对国有企业进行调节管理，目的是建立现代企业制度，发展混合所有制经济。依照《公司法》等相关法律制度，以股东的身份、市场化的运作机制与规范化的法人治理结构参与产业投资与股权运营，最大限度地规避直接的行政干预。具体而言，“管资本”在国有企业混合所有制改革中主要具有三个方面的意义：一是重新定义国资监管的权利和义务；二是促进政府监管职能的转变；三是保障混改后企业主体的话语权和控制权的提升（张好雨，2018）。

国有资本管理体系是混合所有制改革的基础。国有集团企业推进混合所有制改革应融入多层级国有资本优化配置体系中，设计“分层级、分类别、分阶段”的“股权优化配置的公司治理、资产优化配置的业务合作、灵活变通的经营机制、提高竞争活力为目标”四位一体混合所有制改革实施模式，以多种形式并举来有序推进混合所有制改革。

四、EVA评测体系

针对国有经济监管体制的改革还涉及对国有经济和国有企业发展指标的一系列监管和评价的问题。原有的单纯以会计利润为主要核心指标的国有经济指标评测体系不能全面衡量国有经济的发展水平和经营状态，需要引进新的全面评价体系以满足新时代监管体系的要求，同时有效监管国有资产流失和企业高负债良性运转的问题。通过引进经济增加值（economic value added，EVA）评测体系，既可以全面衡量国有经济运行过程中的经营状况，还可以有效反应国有经济在市场中所起作用的大小，进而满足新时代国有经济监管体系运行的需要。

（一）国有经济监管指标评测体系

以“管资本”为核心的新型资产管理体制的构建对国有资产监管工作提出了更多的挑战，建立一整套适应国有企业改革的国有资产行政监督与考核标准，明确国有资产监管部门的法律责任和任务是国有资产改革的必要条件（钱弘道等，2019）。现阶段国有资产监管体制的改革方向是成立国有资产投资运营公司，建立以“管资本”为核心的国有资产监管体制。伴随着国有资产运营职能的剥离，相应需要重新构建国有资产运营评价体系（文宗瑜等，2018）。

彭文彬等（2016）对传统的以会计利润为核心的国有企业监管和评测体系进行研究后发现，该体系以国有企业财务会计报表中相关数据为主要依托，具有核算简单、指标可比性高等特点，但是伴随着国有资产改革进程的推进，该指标难以全面反映国有资产股东出资人（中央及各地方国有资产监管机构）的权益，未能考虑国有企业可持续经营的需要，并导致国有企业经理人存在调节利润的动机进而导致国有资产流失等诸多问题。

伴随着国有资产监管体制的完善，以经济增加值（EVA）为核心的评测体系逐渐取代原有以会计利润为核心的国有经济运行监管指标评价体系。贾海英（2016）发现，与原有的国有企业运行监管评价体系相比，EVA 评测体系具有股东价值导向密切、企业价值关联度高、适用性强等优点。且其不仅能全面反映国有企业经营状况、优化企业资本结构，也可以在企业并购重组时明确反映企业资本社会化价值，避免国有企业改革过程中的国有资产流失问题。

赵治纲（2016）通过对 EVA 评测体系在国有企业具体应用结果进行评析后发现，相较于传统的以会计利润为核心的国有企业指标评价体系，以经济增加值为核心的业绩指标是一种高效的预算管理方法，但在具体行业和具体部门的执行中应该对相关指标进行合理分解，在具体考核某些行业或者具有某些特点的企业时，无法准确衡量其所创造的经济价值。EVA 评测体系需要进行进一步完善以适应针对商业银行、石油石化和基础能源等领域的综合业绩指标的评测。

（二）EVA 评测体系与国有企业创新研发

多数学者在研究国有企业 EVA 评测体系对国有企业经济发展的影响后得出 EVA 评测体系能明显促进国有企业创新发展的结论。就具体行业而言，EVA 评测体系制度的实施明显促进了所有行业中国有企业的创新投入，且国有企业所处行业竞争性越强，EVA 评测体系对研发投入的促进作用越明显（郝婷等，2017；李志学等，2014）。鲁冰等（2015）在根据技术密集程度对国有企业进行分类后发现，EVA 评测体系对高新技术行业中国有企业的促进作用最明显，且促进作用随企业技术水平的提升而升高。在引入时间因素对促进作用进行分析后发现，EVA 评测对国有企业创新作用短期内（三年内）呈现负相关，但长期中（三年以上）具有明显促进作用（袁晓玲等，2013）。

EVA 评测体系对国有企业创新研发的促进作用主要基于以下几种途径：

第一，研发费用正向管理。EVA 评测体系能明显缓解国有企业创新委托代理过程中的矛盾，国有企业高管为在 EVA 评测体系中获得更高评分，会选择在短期内主动增加研发和创新费用，促进创新型国有企业运行体制的建立且在以“微利”和“微增”的角度进行研究后发现结果相同（夏宁等，2019）。

第二，管理者风险特征。对于风险偏好较高的管理者，EVA 评测体系会明显提升其对企业创新研发的投入程度和投入支持度，进而保障企业创新和创业能力，推动企业创新发展。且该项行为在技术和资本密集型行业中表现得更为明显（李昕潼、池国华，2016）。

第三，指标导向作用。EVA 评测体系通过特定指标值的设定推动企业最大限度地进行科技创新、加大科技资金投入并将最新科技成果转化为现实生产力，从而有效激发企业的持续科技创新能力（李志刚等，2014）。

推进研究导向型国有企业建设是建立 EVA 评测体系的重要使命，也是国有企业监管体制改革的重要方向。上述研究表明，通过研发费用正向管理、管理者风险特征、指标导向作用等方面因素的促进作用，EVA 评测体系可以明显提升国有企业的创新与研发投入，在改善企业经营状况的同时为国有企业监管体制改革提供有利的指标参考标准，提升监管能力和监管效果。

（三）EVA 评测体系与企业投融资行为

夏宁等（2019）通过研究发现，EVA 绩效考核办法自实施以来，国有资本控股的上市公司的投资与融资行为均受到了显著影响，EVA 评测体系通过自身导向型作用的改革引导国有企业投融资行为，进而主导了国有企业的资本运行结构。陈琳等（2017）认为，EVA 评测体系对国有企业投资行为具有积极影响，对国有企业融资行为具有明显抑制作用。欧佩玉等（2018）认为，EVA 评测体系明显抑制了国有企业的非效率投资动机和过度投资行为，促进了国有资本最优化配置，提升了国有企业管理者投资决策的准确性和积极性，促进了企业合理安排投资结构和融资结构，保障了国有企业平稳发展。

EVA评测体系对国有企业过度投资行为的抑制途径主要是同集团现金流量管控和企业内部控制的协同作用：一方面，在实施EVA评测体系的条件下，央企集团的现金管控程度越高，EVA考核对其过度投资的抑制效果越明显。这说明在央企总部实施强势现金管理制度的条件下，EVA评测体系可以与之协同，在抑制企业过度投资方面发挥明显作用（张建平等，2016）。另一方面，对于过度投资，内控规范和EVA考核的实施分别具有显著的治理作用，并且两者之间能够相互协调共同促进，共同发挥对国有企业过度投资的监管职能（池国华等，2016）。且EVA评测体系对国有企业过度投资行为的抑制作用具有一定的时间滞后性。

EVA评测体系通过主导国有企业资本结构有效控制了国有企业的过度投资和过度负债等投融资行为，保障了国有企业资本运行结构的有效性和合理性，提升了国有企业和国有资本的监管质量与监管水平，推动了国有资本良性运转，有效保障了国有资产保值增值和国有企业股东出资人的权利。

（四）EVA评测体系与国有经济高管薪资管理

EVA评测体系通过将国有资本出资人利益与企业经济评价指标相协调，在构建国有企业运行评价体系的同时也对国有企业高管薪资考核体系提出了更高的要求（李建军，2016）。EVA评测体系对国有企业高管薪资具体影响主要基于以下三种途径：

第一，降低代理成本。通过引进薪酬EVA敏感性度量EVA考核与管理层薪酬相挂钩的激励效用，部分学者发现基于EVA的管理层薪酬机制有效降低了企业的代理成本，并且在激励研发投入和遏制过度投资等环节产生了多方面的影响效果（夏宁，2019；池国华，2014）。

第二，利益协调。通过改变我国长期以来建立在国有企业会计利润基础上的国有资产运营评价体系和国有企业高管薪酬制定体系，新建立的EVA评测体系可以有效解决企业会计利润导致的企业经营者更重视企业短期效益而忽视所有者长期利益的行为，促进企业管理层与企业所有者利益相互协调（陆永政等，2014）。

第三，最优契约。企业在高薪酬—业绩敏感度下所追求的净资产收益率（ROE）并不能代表企业价值的真正增长，而反映公司长期价值增长的EVA与公司价值形成正向关系，而且基于EVA的激励强度越大公司市场价值越高。这说明只要衡量指标是正确的，央企高管的薪酬制定同样适用于最优契约（姚颐等，2013）。

国有企业高管评测体系是国有企业监管目标政策实施的重要改革方向，通过引导国有资本运营过程中高管薪酬管理，可以有效降低国有企业内部收入差距的问题，保障国有经济全民所有制性质，促进国有经济良性健康发展。

（五）EVA评测体系与国有企业风险承担和价值评价

池国华等（2013）通过研究发现，自2010年以来，国资委开始在国有企业中推行EVA评测体系，推动国有企业资本运行方式由利润主导转变为价值主导，进而推动国有企业的运营能力和价值提升。李昕潼等（2018）通过对EVA评测推行以来国有企业资本和价值运行能力的评估发现，EVA评测通过提升国有企业的投资效率和保障企业融资财务决策等途径有效提升了国有企业价值。在对具体国有企业进行分析后发现，基于EVA的企业价值管理体系的构建，可有效实现企业效益最大化的目标，符合企业长期发展的战略要求（李笑南，2016）。

何威风等（2017）从EVA评测与国有企业风险承担角度进行研究后发现，实施EVA业绩评价制度后，中央企业改变了风险承担水平，且当管理者拥有较低权力、较高能力以及较多薪酬激励时，实施EVA业绩评价制度后中央企业会更积极地承担风险。

EVA评测体系在具体评价国有企业运营与风险承担状况时还可以进行相关改良，有效保障自身评价体系的科学性和准确性。在通过将M2测度引入EVA模型重新建立风险调整相关指标进行分析后发现，经过改良的EVA评测指标可以直接度量企业经营绩效，并在不同上市公司之间进行横向比较，解决了传统评测体系的诸多弊端（周佰成等，

2016)。除此之外，通过将破产时间引入 EVA 评价体系，可以有效解决企业永续经营假设与企业现实运行周期的矛盾（唐莹等，2013）。

五、总结和评价

本文通过梳理学术界对国有经济监管体制的相关研究，系统分析了国有经济改革发展所面临的问题、挑战及其形成原因，总结了已有监管体制对国有经济高质量发展的作用途径和作用效果，为进一步分析国有经济改革发展政策的作用途径和作用效果提供了分析思路和框架。

（一）研究观点总结

综上所述，针对国有经济监管体制改革运行和完善进程中所伴随的诸多问题，学者们基于我国的国情，从国有经济改革发展的现状出发进行分析研究，经过多年的研究和讨论，理论成果不断丰富，研究方法也越来越科学，这对未来我国国有经济改革的研究发展和政策制定与评估具有重要的借鉴意义。

1. 国有经济运行所面临的问题和成因

伴随着我国社会生产力的变迁和新时代社会主要矛盾的变化，国有企业运行与发展过程中的矛盾和问题也逐渐转移。现阶段在推进国有企业改革与发展的进程中，国有企业运行与监管所面临的主要问题，除了传统意义上的国有资产流失外，还有解决国有企业资本化运作困境、降低国有企业运行杠杆、提高企业运行效率和经营质量等问题。与这一改革阶段相关文献的主要研究内容如下：

（1）国有资产自身功能和定位与其运行效率间的冲突。具体表现为国有“僵尸企业”的出现和国有企业高负债运行情况的增加，但学者之间对这种影响的具体作用途径尚存争议。部分学者认为所有制因素为国有经济运行带来了诸多负面作用，但部分学者基于长期动态视角的研究发现，所有制因素在长期中可以促进企业稳定运行和宏观经济增长。

（2）国有经济自身运行中所面临的问题是否会为国民经济整体运行带来不稳定因素。部分学者认为，无论是国有资产流失还是国有企业高负债运行，其都代表国民经济运行过程中资源存在不合理配置。这种不合理配置会给国民经济稳定运行带来负面作用。但也有学者基于产业链和具体数据分析的角度对上述观点予以反驳。

（3）混合所有制改革推进过程中对国有经济运行带来的问题与挑战。诸多学者在已有争论的基础上，基于案例调查和博弈论的角度分析了混合所有制改革过程中的国有资产流失问题，指出混合所有制改革下管理层不稳定所带来的管理主体缺失和监管缺乏是国有资产流失与企业过度负债的主因。这也对下一步深化监管体制改革提出了挑战。

2. 新时代国有资产监管体制建立的理论内涵

新时代国有资产监管体制的改革与完善涉及国有资产运行评价体系变革和针对具体问题的国有资产管理体制变革等诸多方面。引入以“管资本”为核心的国有资产监管体制和建立 EVA 评测体系，可以有效降低企业运行风险和负债水平，完善国有企业运行监管体制，保障国有企业和国有资产价值的保值增值以及国有企业出资人的合法权利。学者们的研究聚焦于以下几点：

（1）国有经济监管体制改革所要解决的问题。学者们所关注的新型国有经济监管体制所需解决的问题，一方面在于通过合理的体制机制设计避免国有资产的流失，除了传统意义上管理层收购导致的国有资产流失外，近些年又新增了因为政策性扶持和海外无效率投资导致的国有资产流失；另一方面在于通过合理的资本运作监管化解国有企业高负债运行的问题，伴随着国有企业负债率的不断升高，国有企业的高负债运行也在金融风险层面增加了国民经济整体稳定运行风险，更表明了国有企业监管体制改革的必要性。

（2）新时代国有经济监管体制改革的重要意义。国有企业监管体制的改革与完善是保障国有企业合理有效运行和推进国有企业混合所有制改革与现代企业制度建立的前提与关键。完善的国有企业监管体制可以有效解决目前国有企业运行过程中的诸多弊端，减少改革过程中出现的矛盾和阻力，促进国有资产保值增值和良性运行。因此。学术界对国有资产监管体制改革与完善的研究核心是国有企业运行过程中的诸多漏洞和相应的改革与监管改革措施的完善。

（3）混合所有制改革背景下国有经济监管体制。混合所有制改革为国有资产监管体制改革提出了更高的要求。不同学者基于改革效率、垄断竞争领域企业的处理、法律与相关法规的完善等方面系统分析了新时代混合所有制改革对国有经济监管体制改革的不同要求。

3. 新型国有资产监管政策的作用途径和政策效果评估

以“管资本”为核心的国有企业新型监管体制通过建立国有资产投资公司和国有资产运营公司，引入资本化管理手段保障国有企业的稳定运行和国有资产保值增值，在执行职能分离、政策阻断和激励优化职能的同时促进国有企业的改革完善与发展。同时，建立全面的国有资本评价体系也是国有资产监管体制改革的重要方面，EVA测评体系通过建立经济增加值的指标测评导向在保障国有企业自身资本运转能力的同时有效考核了国有企业的经济贡献能力，推动了国有企业创新导向职能的建立和长期运转资本结构能力的增加。

（二）主要研究方法

在对国有企业监管体制的研究中，学者们通过不同方法的结合与应用，完整搭建了国有经济改革与研究体系，系统分析了新时期国有企业监管体制具体运行中的方法和矛盾，系统分析了国有经济监管体制的建立和稳定运行的理论基础。具体方法主要包括以下几种：

一是实证分析法。在国有企业监管体制改革的研究过程中，各个学者通过系统的实证分析论述了国有资产流失主因、国有企业高负债成因、EVA评测体系对企业研发导向和运营资本结构的作用等诸多方面，为国有企业监管体制的改革完善提供了有力的数据和理论支撑。

二是案例分析法。在EVA评测体系建立的过程中，部分学者通过对不同行业中国有企业的具体分析论述了EVA评测体系的具体应用，为其下一步改革与完善提供了合理的思路。基于具体行业和领域分析EVA评测体系在要素产出和人才吸引方面的差别。

三是交叉学科分析。使用政治学、法学、统计学等多学科方法，系统分析了国有企业的社会责任和EVA评测体系下国有企业的运行效率等相关问题。通过交叉学科拓宽研究领域和研究视角，运用多学科知识进行综合研究分析，增加了研究的深度和广度。

（三）研究展望

已有的研究从国有资产运营过程中的矛盾和问题出发，基于相关的理论和数据，对现行状态下国有企业监管体制中的漏洞与矛盾进行了逐层分析，系统梳理了国有企业监管体制的改革与深化路径，总结出了下一步国有企业深化改革的具体途径和方式。

首先，对改革与国有资产流失间的关系进行了更深层次的论述。国有企业改革不一定会导致国有资产的流失，基于合理的体制机制和制度设计，国有企业全面深化改革可以在避免国有资产流失的同时发挥自身改革红利作用。其次，对国有企业化解高风险债务和做强做优做大在监管层面提供了新的途径。基于“管资本”的监管体制建立的国有资产投资公司和运营公司可以有效化解国有企业运行过程中的诸多风险，在提供资本化的解决方法的同时保障国有企业运营能力，在引入资本市场化解国有企业负债的同时保障国有资产的保值增值。最后，为新型国有资产监管体制和国有企业改革评测体系的建立提供了理论和数据支撑，保障了现阶段国有企业全面深化改革和监管体制改革的科学性与合理性，完善了国有资产运营和评价体系。

但是，已有的研究也存在一定的缺失：一方面，国有资产监管体制研究的理论问题研究十分充分，但是在新型监管体制的建立问题上缺乏深层次的探索和理论指南。对国有资产监管体制改革的案例分析较多但尚未归纳出改革的统一模式和路径，对监管层面改革和经营体制改革协同推进和系统推进还缺乏足够的关注，国有资产监管体制在推进改革的过程中依旧缺乏有效的理论指导。另一方面，已有的对国有资产监管体制的研究主要集中于对政策效果的评估，缺乏立法层面和政策监管层面的研究。相关领域研究的缺乏使得多学科拓展效应缺乏，且难以形成一整套体制机制的协同作用，难以为国有资产监管体制的具体改革实践提供有效指导。

（四）关于国有经济高质量发展

新时期国有经济监管体制改革的核心是通过合理的体制机制设计，为国有经济发挥其自身优势、促进国有经济高质量发展提供保障。通过监管体制改革倒逼国有企业内部治理结构改革，促使其建立健全国有企业公司内部治理体系，提升公司治理效率和治理能力，进而强化其在国内市场和国际市场中的竞争力。在维护其自身长期发展能力的同时，进一步保障社会主义市场经济的发展。

参考文献

［1］蔡钊艳：《多元化能源企业集团 EVA 价值管理体系的构建——以山东能源集团为例》，载《财务与会计》2015 年第 14 期。

［2］陈琳、乔志林：《EVA 绩效考核对央企控股上市公司投融资行为的影响研究》，载《西安财经学院学报》2017 年第 30 卷第 2 期。

［3］陈柳：《发挥资本市场功能破解国有企业改革难题的思路与对策》，载《现代经济探讨》2015 年第 7 期。

［4］陈仕华、卢昌崇：《国有企业党组织的治理参与能够有效抑制并购中的“国有资产流失”吗?》，载《管理世界》2014 年第 5 期。

［5］陈卫东、熊启跃：《我国非金融企业杠杆率的国际比较与对策建议》，载《国际金融研究》2017 年第 2 期。

［6］陈艳利、姜艳峰：《国有资本经营预算制度、过度负债与企业价值创造》，载《财经问题研究》2017 年第 2 期。

［7］池国华、王志、杨金：《EVA 考核提升了企业价值吗？——来自中国国有上市公司的经验证据》，载《会计研究》2013 年第 11 期。

［8］池国华、杨金、郭菁晶：《内部控制、EVA 考核对非效率投资的综合治理效应研究——来自国有控股上市公司的经验证据》，载《会计研究》2016 年第 10 期。

［9］池国华、杨金、张彬：《EVA 考核提升了企业自主创新能力吗？——基于管理者风险特质及行业性质视角的研究》，载《审计与经济研究》2016 年第 31 卷第 1 期。

［10］池国华、邹威：《EVA 考核、管理层薪酬与非效率投资——基于沪深 A 股国有上市公司的经验证据》，载《财经问题研究》2014 年第 7 期。

［11］邓同钰、干胜道：《传统 EVA 考核缺陷与改进：以某国资企业为例》，载《财政研究》2014 年第 2 期。

［12］段远刚：《在国有企业混合所有制改革中防范国有资产流失》，载《前线》2017 年第 9 期。

［13］范维，王麒植：《国有闲置资产的有效利用研究——新市场财政学的视角》，载《东岳论丛》2019 年第 40 卷第 9 期。

［14］封文丽、郭延辉：《由央企重组潮看中国上市公司并购新特点》，载《金融经济》2016 年第 14 期。

［15］高明华：《国有资产监督目标模式与外派监事会监督机制创新》，载《天津社会科学》2017 年第 5 期。

［16］官欣荣、王开景：《国有企业改制中资产流失的法律风险防范——以广州王老吉商标贱租案为例》，载《求实》2013 年第 S2 期。

［17］郭敏、段艺璇：《银行信贷行为对政府隐性或有负债的影响》，载《山西财经大学学报》2019 年第 41 卷第 10 期。

［18］郭雪萌、梁彭、解子睿：《高管薪酬激励、资本结构动态调整与企业绩效》，载《山西财经大学学报》2019 年第 41 卷第 4 期。

［19］郝婷、赵息：《EVA 考核对国有企业研发投入的影响》，载《科学学与科学技术管理》2017 年第 38 卷第 1 期。

［20］何威风、刘巍：《EVA 业绩评价与企业风险承担》，载《中国软科学》2017 年第 6 期。

［21］何小钢：《国有资本投资运营公司改革与国企监管转型——山东、重庆和广东的案例与经验》，载《经济体制改革》2018 年第 2 期。

［22］侯普光、赵公社：《改革红利论与国有资产管理体制的完善》，载《理论探索》2013 年第 2 期。

［23］胡迟：《国有资本投资、运营公司监管的新发展与强化对策》，载《经济纵横》2017 年第 10 期。

［24］胡锋、石涛：《以管资本为主加强国资监管的路径研究》，载《湖湘论坛》2019 年第 32 卷第 2 期。

［25］胡改蓉：《经营性国有资产流失认定的偏差与制度修正》，载《政治与法律》2017 年第 12 期。

［26］胡海波、颜佳琳：《国企 EVA 考核、非效率投资与可持续价值创造》，载《当代经济管理》2018 年第 40 卷第 11 期。

［27］胡俊：《授权视角下国有资本投资运营公司特殊治理的法律改进》，载《法学杂志》2019 年第 40 卷第 7 期。

［28］黄海燕：《完善国有资产管理体制的探讨》，载《宏观经济管理》2014 年第 10 期。

［29］黄群慧、余菁：《国有企业改革的进程、效率与未来方向》，载《南京大学学报（哲学·人文科学·社会科学）》2019 年第 56 卷第 1 期。

［30］黄少安、滕越洋、李冠青：《规模导向、国企举债与高管晋升机制——基于 2009—2017 年地方国有上市企业数据验证》，载《江汉论坛》2019 年第 6 期。

［31］黄小琳、朱松、陈关亭：《持股金融机构对企业负债融资与债务结构的影响——基于上市公司的实证研究》，载《金融研究》2015 年第 12 期。

［32］贾海英：《EVA 指标的主要优势及其在企业经营中的应用浅析》，载《财务与会计》2016 年第 9 期。

［33］贾可卿：《混合所有制背景下的国有企业改革》，载《吉林大学社会科学学报》2019 年第 59 卷第 5 期。

［34］黎桦：《国企改革与国有资产流失风险的耦合性及法律治理》，载《北京理工大学学报（社会科学版）》2016 年第 18 卷第 2 期。

［35］李峰、韩立民：《混合所有制改革视角下国有企业“管资本”研究：内涵与体系》，载《山东大学学报（哲学社会科学版）》2018 年第 3 期。

［36］李建军：《EVA 和 ROE 对标在薪酬管理中的应用探索》，载《财务与会计》2016 年第 14 期。

［37］李明辉、刘笑霞、程海艳：《党组织参与治理对上市公司避税行为的影响》，载《财经研究》2020 年第 46 卷第 3 期。

［38］李笑南：《基于 EVA 的企业价值管理体系研究》，载《管理世界》2016 年第 8 期。

［39］李昕潼、池国华：《EVA 考核对企业融资结构的影响研究》，载《科学决策》2018 年第 1 期。

［40］李湛、方林肖、唐晋荣：《产出效率视角下的国企债务规模：一个经验测算》，载《证券市场导报》2018 年第 12 期。

［41］李志刚、赵息、闫婧：《EVA 理念对企业科技创新的作用研究》，载《科学管理研究》2014 年第 32 卷第 3 期。

［42］李志生、苏诚、李好、孔东民：《企业过度负债的地区同群效应》，载《金融研究》2018 年第 9 期。

［43］李志学、郝亚平、张昊：《基于 EVA 的央企上市公司研发支出变化研究》，载《科技管理研究》2014 年第 34 卷第 21 期。

［44］连立帅：《对外直接投资、产权性质与过度负债》，载《上海财经大学学报》2019 年第 21 卷第 6 期。

［45］廖红伟、张楠：《论新型国有资产的监管体制转型——基于“管资产”转向“管资本”的视角》，载《江汉论坛》2016 年第 3 期。

［46］林毅夫：《新结构经济学的理论基础和发展方向》，载《经济评论》2017 年第 3 期。

［47］刘建丽：《国有企业海外投资监管的目标与制度设计》，载《经济体制改革》2017 年第 6 期。

［48］刘津宇、王正位、朱武祥：《产权性质、市场化改革与融资歧视——来自上市公司投资—现金流敏感性的证据》，载《南开管理评论》2014 年第 17 卷第 5 期。

［49］刘叶云、朱洪慧：《我国高新技术企业人力资本投入对 EVA 的贡献研究》，载《科研管理》2013 年第 34 卷第 S1 期。

［50］柳学信、孔晓旭、牛志伟：《新中国 70 年国有资产监管体制改革的经验回顾与未来展望》，载《经济体制改革》2019 年第 5 期。

［51］鲁冰、徐凯、孙俊奇、吴冰清：《EVA 对央企上市公司研发投入影响的实证研究》，载《现代管理科学》2015 年第 2 期。

［52］陆桂贤、许承明、许凤娇：《金融深化与地区资本配置效率的再检验：1999－2013》，载《国际金融研究》2016 年第 3 期。

［53］陆桂贤、许承明：《银行业结构对融资约束影响的经验分析——基于地区工业企业数据》，载《学海》2019 年第 3 期。

［54］陆嘉玮、陈文强，贾生华：《债务来源、产权性质与房地产企业过度投资》，载《经济与管理研究》2016 年第 9 期。

［55］陆永政、任世驰：《基于 EVA 的企业高管年薪设计》，载《财务与会计》2014 年第 8 期。

［56］陆正飞、何捷、窦欢：《谁更过度负债：国有还是非国有企业?》，载《经济研究》2015 年第 50 卷第 12 期。

［57］罗栋梁、陈芬：《地方政府负债、政府补助与企业绩效》，载《经济问题》2016 年第 10 期。

［58］罗华伟、干胜道：《顶层设计：“管资本”——国有资产管理体制构建之路》，载《经济体制改革》2014 年第 6 期。

［59］马大来、陈仲常、王玲：《金融发展、所有制约束与企业资本结构——基于省级规模以上工业企业面板数据的实证研究》，载《经济经纬》2015 年第 32 卷第 2 期。

［60］马红、王元月：《负债融资规模、负债期限结构与宏观经济环境——来自中国上市公司经验数据的实证分析》，载《现代财经（天津财经大学学报）》2016 年第 36 卷第 11 期。

［61］马忠、张冰石、夏子航：《以管资本为导向的国有资本授权经营体系优化研究》，载《经济纵横》2017 年第 5 期。

［62］欧佩玉、孙俊勤：《EVA 考核对中央企业非效率投资的影响》，载《经济管理》2018 年第 40 卷第 5 期。

［63］彭文彬、孙健敏、尹奎：《EVA 在国内的研究现状与展望》，载《现代管理科学》2016 年第 12 期。

［64］戚聿东、肖旭：《新中国 70 年国有企业制度建设的历史进程、基本经验与未竟使命》，载《经济与管理研究》2019 年第 40 卷第 10 期。

［65］钱弘道、张洁：《企业国有资产监管中行政监督法治化指标研究》，载《浙江大学学报（人文社会科学版）》2019 年第 49 年第 5 期。

［66］宋良荣、江红：《基于经济增加值的企业全面预算管理研究》，载《技术经济与管理研究》2014 年第 1 期。

［67］苏莉、黄新飞、邱惠民：《对外直接投资加剧财务风险了吗？——基于中国 A 股上市公司的证据》，载《西安交通大学学报（社会科学版）》2019 年第 39 卷第 1 期。

［68］孙凤娥、苏宁：《社会资本对企业资本结构周期性变动幅度的影响——基于中国上市公司的实证检验》，载《技术经济》2016 年第 35 卷第 12 期。

［69］孙亚南、申毅：《高管激励、公司负债与代理成本——基于我国上市公司的实证研究》，载《经济经纬》2015 年第 32 卷第 5 期。

［70］谭士军：《国资监管核心是以“管资本”为主推进国资监管转型》，载《上海市经济管理干部学院学报》2016 年第 14 卷第 5 期。

［71］谭语嫣、谭之博、黄益平、胡永泰：《僵尸企业的投资挤出效应：基于中国工业企业的证据》，载《经济研究》2017 年第 52 卷第 5 期。

［72］唐莹、胡梅梅：《引入破产时间的 EVA 企业价值评估模型研究》，载《统计与信息论坛》2013 年第 28 卷第 12 期。

［73］汪金祥、吴世农、吴育辉：《地方政府债务对企业负债的影响——基于地市级的经验分析》，载《财经研究》2020 年第 46 卷第 1 期。

［74］王昌荣、马红、王元月：《基于宏观经济政策视角的我国企业负债融资研究》，载《中国管理科学》2016 年第 24 卷 5 期。

［75］王凡：《从实物经营到资本经营：国有企业管理体制转型研究》，载《求索》2017 年第 7 期。

［76］王桂虎：《1991～2015 年中国非金融企业资产负债的估算与负债率的实证研究》，载《上海经济研究》2017 年第 9 期。

［77］王宏波、曹睿、李天姿：《中国国有资本做强做优做大方略探析》，载《上海经济研究》2019 年第 7 期。

［78］王婧、蓝梦：《混合所有制改革与国企创新效率——基于 SNA 视角的分析》，载《统计研究》2019 年第 36 卷第 11 期。

［79］王擎、孟世超：《中国企业杠杆率周期演变机制探析》，载《中国工业经济》2020 年第 1 期。

［80］王曙光、徐余江：《混合所有制经济与国有资产管理模式创新——基于委托—代理关系视角的研究》，载《中共中央党校学报》2016 年第 20 卷第 6 期。

［81］王新红、武欣玲：《论党组织参与国有公司治理的法律原则》，载《中南大学学报（社会科学版）》2017 年第 23 卷第 5 期。

［82］王沿棋、杨久香：《EVA 业绩评价体系在石油石化企业中的应用研究——以 JX 公司为例》，载《经济管理》2014 年第 36 卷第 4 期。

［83］王永钦、李蔚、戴芸：《僵尸企业如何影响了企业创新？——来自中国工业企业的证据》，载《经济研究》2018 年第 53 卷第 11 期。

［84］王志强：《基于“保持距离型”理论的以“管资本”为主的国资监管新框架》，载《江西社会科学》2019 年第 39 卷第 5 期。

［85］卫兴华：《学习好、把握好中央〈关于深化国有企业改革的指导意见〉》，载《毛泽东邓小平理论研究》2015 年第 10 期。

［86］文宗瑜、宋韶君：《国有资本运营职能从国有企业剥离的改革逻辑及绩效评价体系重构》，载《北京工商大学学报（社会科学版）》2018 年第 33 卷第 2 期。

［87］吴静桦、邱权凤、王红建：《放松利率管制、税率变动与企业去杠杆——基于政策工具组合的研究》，载《商业研究》2019 年第 4 期。

［88］吴秋生、独正元：《混合所有制改革程度、政府隐性担保与国企过度负债》，载《经济管理》2019 年第 41 卷第 8 期。

［89］夏宁、蓝梦、宁相波：《EVA 考核，研发费用管理与央企创新效率》，载《系统工程理论与实践》2019 年第 39 卷第 8 期。

［90］徐舒韵：《央企境外资产流失的原因及对策》，载《财务与会计》2015 年第 10 期。

［91］杨小静、张英杰：《去杠杆、市场环境与国企债务化解》，载《改革》2017 年第 4 期。

［92］姚颐、刘志远、冯程：《央企负责人、货币性薪酬与公司业绩》，载《南开管理评论》2013 年第 16 卷第 6 期。

［93］余澳、贾卓强：《民营企业参与地方国有企业混改的现实困境与对策研究》，载《经济纵横》2019 年第 12 期。

［94］袁东明、袁璐瑶：《国有企业改革：成就、经验与建议》，载《经济纵横》2019年第6期。

［95］袁晓玲、白天元、李政大：《EVA考核与央企创新能力：短期和长期视角》，载《当代经济科学》2013年第35卷第6期。

［96］张冰石、马忠、夏子航：《基于国有资本优化配置的混合所有制改革实施模式》，载《经济体制改革》2019年第2期。

［97］张弛：《国有企业党组织与现代企业制度冲突吗?》，载《当代经济研究》2019年第12期。

［98］张存韡：《加强境外国有资产监管的途径与方法》，载《山东社会科学》2015年第S1期。

［99］张光利、韩剑雷：《商业信用还是负债融资——基于金融发展的视角》，载《山西财经大学学报》2014年第36卷第10期。

［100］张桂芳：《以"管资本"为主的国有资产监管改革路径与措施——对上海市国有企业中高级管理人员的调研思考》，载《西部论坛》2017年第27卷第4期。

［101］张好雨：《混合所有制改革路径选择问题探析》，载《管理现代化》2018年第38卷第5期。

［102］张建平、王实、倪晨阳：《集团现金管控程度对EVA考核的过度投资抑制效果的影响——基于中国上市央企的实证分析》，载《技术经济》2016年第35卷12期。

［103］张杰：《银行竞争如何影响企业负债率——中国的事实与解释》，载《学术月刊》2019年第51卷第1期。

［104］张梦雯、李继峰：《"去产能"需谨防国有资产流失》，载《人民论坛》2017年第10期。

［105］张洽：《企业盈利能力、负债水平和生产效率的实证分析——基于我国国有企业与私营企业比较视角》，载《华东经济管理》2013年第27卷第3期。

［106］张守文：《国有企业降杠杆、防风险问题研究》，载《云南社会科学》2018年第5期。

［107］张文魁：《国资监管体制改革策略选择：由混合所有制的介入观察》，载《改革》2017年第1期。

［108］张晓文、李红娟：《国有资产的流转与流失问题辨析》，载《经济纵横》2016年第9期。

［109］张卓元：《从"管企业为主"到"管资本为主"：国企改革的重大理论创新》，载《新视野》2016年第3期。

［110］赵宇：《官员晋升激励与企业负债——地级市层面的经验分析》，载《经济管理》2019年第41卷第4期。

［111］赵治纲：《中央企业EVA直观化监测体系构建策略》，载《财务与会计》2016年第15期。

［112］郑红亮、齐宇、刘汉民：《中国公司治理与国有企业改革研究进展》，载《湖南师范大学社会科学学报》2018年第47卷第4期。

［113］周佰成、马可为、李佐智、孙小婉：《风险调整EVA模型及其在央企绩效评价中的应用》，载《管理世界》2016年第6期。

［114］周煊：《中央企业境外资产监管问题研究》，载《人民论坛·学术前沿》2019年第18期。

［115］周业安、余晨阳、杨小静、全婷：《国有企业的债务问题研究》，载《经济理论与经济管理》2017年第6期。

［116］周志华：《完善国有公司治理制度防止国有资产腐败性流失》，载《学术论坛》2016年第39卷第1期。

【国资监管体制改革】

授权经营体制改革背景下国资分层分类监管问题研究*

朱珊珊**

[摘　要] 国资监管体制改革与国有资本授权经营体制改革、国企国资改革相伴而生。由于传统的国资监管体制未能与授权放权后多类型国有企业、多层级国有资本管理主体实施国资监管考核的新形势、新要求相适应，导致国资监管工作在实操层面面临一定程度的冲击与挑战。当前国资监管主要呈现国资监督考核“一刀切”、跨业混合类国有企业改革监管归类难、现代企业制度不完善影响国资监管效果、多头监管未能形成有效监督合力等特点。要建立与国有资本授权经营体制相适应的以“管资本”为主的国资监管制度体系，就必须在分类分层国资监管考核体系构建、监管职责承接、监督资源整合、国资监管部门机构职能调整、国有资本监管纵横联动信息平台搭建等方面着力，以切实提升国资监督工作的针对性和有效性，推动国有企业稳定健康发展。

[关键词] 国资监管；授权经营；分层分类；问题研究

完善国资监管是国企改革的重要内容，也是决定国有资本授权经营体制改革成效的关键因素。自党的十八届三中全会提出以管资本为主深化国有资产监管体制改革以来，国企改革开始正式步入以管资本为主的新时代。而作为国资监督体制改革的重要内容，国有资本授权经营体制改革，也正在紧锣密鼓地进行。随着国务院国资委《出资人监管权力和责任清单（试行）》《改革国有资本授权经营体制方案》《国务院国资委授权放权清单（2019年版）》的先后印发，国有资本授权经营再度成为社会关注的热点。改革国有资本授权经营体制，确保各项授权放权接得住、行得稳，就必须在出资企业行权监管上做好文章，做到放而不乱、管而得当。在授权放权过程中，国资委作为国有资产监管主体，如何调整优化国有资本监管职能，改进监管手段方式，如何构建新型监管体系，使以管资本为主加强国资监管体制改革得以顺利实施，是本轮国资监管体制改革应充分考虑的关键问题。为此，本文通过对我国国有资产监管体制演变历程，特别是对党的十八大以来以授权放权为重点的国资监管体制改革进展情况的梳理分析，探寻授权经营体制改革后国资监管所面临并亟待解决的新情况、新问题，并据此提出破解国资监管难题的思路和建议，为深化国资国企改革、提升国资监管效能提供参考借鉴与启示。

一、国有资产监管体制的演变历程

我国的国有资产监管体制形成于集中直接管控的计划经济体制，从政府集中直接管理企业，到放权让利、政企分开、政资分开、作为国有资产出资人代表的国资委成立，再到建立以管资本为主的国有资本监管体制，国有资产监管伴随着国有企业的改革和制度创新的演变而不断调整变革，大致经历了四个阶段。

---

* 国家社科基金项目“基于中观研究范式的集体领导制理论与实践创新实证研究”（18BZZ068）。

** 朱珊珊，法学博士，中国大连高级经理学院与大连理工大学联合培养博士后，中央企业教授级高级政工师（大连，116086）。

（一）“政资合一”的国资监管职能高度集中时期（1949～1977 年）

从新中国成立初期到改革开放前，党和政府在计划经济体制下努力探索管理国有企业、监管国有资产的方式方法。这一时期国资监管的主要特点是：实行“统收统支”的高度集中的国有资产监管体制，按照传统国有经济理论构建要求，建立了“国家所有、分级管理、计划管理”的国有资产监管格局（武志敏，2015）。在计划经济体制下，国家通过对国有企业直接且严格的计划管控来实现对国有资产的管理，政府的监管职能和国有资产所有者代表职能合二为一，国有资产管理未设立专门的机构，企业处于行业主管部门的直接控制之下，按行政隶属关系分部门管理，是国家行政机关的附属物，没有自主的经营权（郭春丽，2014）。由于计划经济体制本身的弊端，企业承担了过多本应由政府承担的社会责任，无法将经营盈利目标和实现国有资产保值增值任务放在首位，导致这一时期的企业出现了职责错位模糊、改革创新活力缺乏、企业资产使用效益低下、职工报酬收入与企业经济效益严重脱节、员工积极性创造性不足等机制弊端。

（二）“政企分开、政资分开”的国资监管职能探索变革时期（1978～2001 年）

党的十一届三中全会以后，通过放权让利、政企分开、政资分开、建立国有企业政府出资人体制等改革探索，我国开始逐渐承认和培育国有企业的市场属性，并取得了一定的成效。这一时期国资监管中的政府职能也从计划经济时期的全面监管开始向逐步放权转变。1978 年党的十一届三中全会确立了以扩大企业自主权为主要内容的国企改革方针，1984 年，党的十二届三中全会将探索搞活国有大中型企业作为经济体制改革的中心环节，在政企职责分开、所有权和经营权适度分离等政策指引下，先后进行了承包经营、租赁制、资产经营责任制、税利分流、股份制试点等多种经营方式的试点改革（李晓慧、敖小波，2018），对摆脱传统计划经济体制束缚、增强国有经济的活力、充分调动国有企业的生产经营积极性发挥了重要作用。但因改革在原国有经济体制框架内进行，未触及所有权主体等深层次问题，国有资产管理体制仍然停留在政府对国有企业实施直接控制的层面，导致在改革过程中不同程度地出现“以包代管”、企业过度分权、国有企业所有权主体缺位、国有资产流失、国家财政负担不降反增等现象。

为解决国家所有者缺位等问题，1988 年，《中华人民共和国全民所有制工业企业法》首次在立法上明确了“所有权与经营权相分离”的原则（王丹莉，2016）。同年，全国人大七届一次会议决定设立首个管理国资的专门政府职能机构——国有资产管理局（简称国资局）。国资局的主要职责是对国家出资企业的国有资产行使所有权、监督管理权、国家投资和收益权、资产处置权等权力。国资局的成立推动了国资监管体制向市场经济体制下的管理模式转变，但由于行业主管部门的存在，国有资产管理局并未真正行使其职权，只是充当了“账房先生”的角色，国有资产的授权经营也没有在大范围内予以实施。随着 1993 年八届全国人大一次会议将“国营企业”统一改为“国有企业”，以及“产权明晰、权责明确、政企分开、管理科学”的现代企业制度的建立，国有企业逐步成为真正的市场竞争主体，作为指令性计划下达者的国有资产管理局失去了存在的意义，于 1998 年的政府机构改革中被撤销。

1998 年，国务院组成部门进行了全方位的机构改革，其中，对国有资产管理体制的影响主要体现在：一是随着国资局被撤销，国家不再设立专司国有资产管理职能的行政机构，原有职能并入财政部、国家经贸委、劳动与社会保障部、中组部、国家计委等部门，形成了多方监管体制。二是冶金、机械、化工、内贸等 15 个行业主管部门被改组为国家局并划归国家经贸委管理，至此，行业主管部门不再拥有直接管理企业的权力（郑树生，2002）。三是明确了中央和地方在国资管理上的权限。国务院代表国家统一行使对国有资产的所有权。根据分级管理原则，把 197 家关系国家安全和国民经济命脉的重要骨干企业划归中央直接管理，把 300 多家可以独立经营的企业按照属地原则下放各级地方政府管理（武志敏，2015）。四是建立国有企业外派监事会制度，由国务院委派人员进驻企业监事会，对中央企业进行监管。此阶段除外派监事会对国有资产的监管以外，还存在着多个其他政府行政部门对国有资产的监管，国有资产监管权比较分散。五是组建了一批作为国有资产授权经营机构的大型企业集团。经授权，集团母公司对集团内的国有资产行使出资人职责，这种做法提高了政企分开的程度，推进了国有资产授权经营的进程。但由于国有资产仍处于多部门直接监管之下，该制度设计并未达到各监督主体相互监督约束的设计要求，反而在实践中出现了国资“多头监管”“政出多门”的乱象。

（三）“三分开、三统一、三结合”的国资监管规范发展时期（2002～2012年）

2002年10月，党的十六大提出建立中央政府和地方政府分别代表国家履行出资人责任，享有所有者权益，权利、义务和责任相结合，管资产和管人、管事相统一的国有资产管理体制（焦葵，2015）。2003年3月，国务院国有资产监督管理委员会（简称国资委）正式成立，根据国务院授权，国资委作为履行出资人职责的特设机构，代表国家对中央企业履行出资人职责，行使资产收益、参与重大决策和选择管理者等出资人权利。国资委的成立解决了国有资产所有者缺位的问题，克服了旧体制下国资监督“九龙治水、政出多门”的弊端，明确了国有资产的出资人，落实了国有资产的责任主体，标志着我国国有资产的监管进入一个全新的时期。2003年5月，国务院又颁布了《企业国有资产监督管理暂行条例》，这为国资监管体制推进“三分开、三统一、三结合”（经营权与所有权分开、政企分开、政资分开；权利、义务、责任三统一；管人、管事、管资产三结合改革）提供了法制保障（彭良军，2019）。同年11月，党的十六届三中全会提出“要建立健全国有资产管理和监督体制”，我国国有资产监管正式步入了“管资产”阶段。2008年10月，《中华人民共和国企业国有资产法》颁布实施。国有资产监管制度架构正式在法律中得到确认。国资委、国有控股公司、国有企业三层次授权经营机制正式建立。这一时期，国有资产监管体制虽基本解决了出资人缺位、“九龙治水”的问题，但由于国资委直接管人、管事、管资产，又产生了国资委与监管企业之间的权力界定不清，国资监管机构“既当裁判员又当运动员”越管越多、越管越细，企业经营自主权被不断挤压等现象（王昊菲，2017）。

（四）以管资本、授权放权为重点的国资监管新时期（2013年至今）

以党的十八大召开为标志，我国国资监管体制改革进入了“管资本”的全新时期。2013年10月，党的十八届三中全会通过了《中共中央关于全面深化改革若干重大问题的决定》，明确提出完善国有资产管理体制，以管资本为主改革加强国有资产监管，改革国有资本授权经营体制。为推进以管资本、授权放权为重点的国资监管体制改革，有关部门相继出台系列政策文件，为改革织就了完整的体系框架。2015年9月，《中共中央、国务院关于深化国有企业改革的指导意见》《国务院关于改革和完善国有资产管理体制的若干意见》印发，将国有资产监管机构行使的部分出资人权利，授权国有资本投资、运营公司和其他直接监管的企业行使，将依法应由企业自主经营决策的事项归位于企业，由此开启了国资监管机构授权改革的新篇章。2017年，《国务院国资委以管资本为主推进职能转变方案》印发，方案明确了国资委不行使社会公共管理职能、不干预企业依法行使自主经营权的职能新边界。从管企业转向管资本，松绑放权，改革授权经营体制，是国资监管体制改革的重点。2018年，国资委出台了《国务院国资委出资人监管权力和责任清单（试行）》，明确了松绑放权9大类36项权责事项，给予企业更大的经营自主权。2019年4月19日，国务院印发《改革国有资本授权经营体制方案》，明确提出分类开展授权放权等改革要求；6月4日，《国务院国资委授权放权清单（2019年版）》公布，分4类授放35项权利，释放了企业活力。授权放权改革的乘数放大效应也通过有效的国资监管得以体现，2019年11月，国务院国资委印发《关于以管资本为主加快国有资产监管职能转变的实施意见》《关于进一步推动构建国资监管大格局有关工作的通知》，明确提出要在授权放权的同时，强化监督监管，打造事前制度规范、事中跟踪监控、事后监督问责的完整工作链条，加快推进信息化建设与监管业务深度融合，持续完善全国国资国企实时在线监管系统（郝鹏，2020），确保授权与监管相结合、放活与管好相统一。在此阶段，国资监管的重点由关注单个国企转向聚焦国有资本的整体收益和控制力（王倩倩，2020），转变出资人代表机构职能和履职方式，改革授权经营体制，深化两类公司改革，确立了国资监管机构、国有资本投资运营公司、国资企业的三层国资管理体制构架，实现了国资监管机构“三个归位”，成为本轮国资监管体制改革的重要内容。

二、授权经营体制改革后国资监管出现的新问题

随着众多涉及国有企业领域的重大改革措施和授权放权事项的落实落地，国资监管体制发挥作用的环境和条件也发生了全方位、深层次的调整变化，面临着来自多方面的新问题、新挑战。

（一）现行国资监督考核存在“一刀切”现象

国有企业因其资产内容、功能特征的不同，应采取差异化的方式进行有效监管。但在实际中，不同规模、不同类型的国有企业仍采取相同的国资监管考核标准，未进行明确的分类。“一刀切”的监管方式忽略了企业的功能性质、资本构成、经营标准、行业特征等监督重点，使国有资本监管的有效性难以保障。授权放权后，国有资本管理基本形成了三类国有企业（商业一类、二类、公益类）、三层国有资本（国资委、国有资本投资运营公司、国有资本出资企业）构成的管理架构，现行“国资委—监管企业”的两层国资监督体系，在考核体系、监督内容、监管目标上的局限性逐渐显露（李有华、马忠、张冰石，2018）。在三层结构对两层结构的替代下，如何以管资本为主开展国资监督考核，“国资委—监管企业”的两层国资监督体系对这一问题缺乏相应的规划考量和机制设计。在新型国资授权经营体系下，针对受托经营链条各主体功能特点、监管重点，重构分类别、分层级的国资监管体系存在必要性。

（二）跨业混合类国有企业的改革监管面临归类难题

目前，国有企业大多为跨业混合类企业，集团经营涉及行业跨度大，业务板块多，且同时兼具公益性、功能性、竞争性等多重属性，难以进行有效归类。国资委此前虽对各类国有企业进行了较为完善的功能分类，但对此类跨业混合类企业的功能界定和分类却未有涉及。实际推行中，这部分国有企业往往是怎样对自身有利就怎样分，进而导致一些功能类国企以政府名义参与市场竞争，既拿到政府补贴，又享受竞争类待遇；一些公益类企业以国家安全和社会稳定为由，不愿引入竞争机制，但却以公共服务名义从事营利性业务；一些竞争性国企经营性业务和政策性业务混同，使命目标多元、功能定位不清等问题突出。跨业混合类企业归类不清问题极大地增加了授权经营改革与分类监管考核的难度。

（三）现代企业制度不完善影响国资监管效果

目前，国有企业内部虽基本建立了党组织领导下的“三会一层”公司治理和监督结构，但监督管理体制不畅、现代企业制度不够完善等问题仍然存在。一是在董事会层面，外部董事人才匮乏、选任机制不健全等原因导致外部董事占多数的董事会建设推进缓慢，董事会与出资人的沟通协调、董事会内部监督的有效制衡有待加强。二是在监事会层面，国有企业各层级内部监事会的建设情况并不尽如人意，由于制度体制设计上的缺陷，监事会的法定监督作用发挥并不充分，监事会工作独立性、规范性不足。监事业余化、兼职化问题较为突出。外派监事会取消后，特别是国资委取消对央企子公司层面的延伸监管后，企业内设监事会是否重建，仍存在治理结构设计上的困惑。三是在党委会层面，目前在党组织和公司治理结构之间还未构建起协同

有效的运行机制，党组织在国资监管中的作用发挥存在定位难题。

（四）多头监管未能形成有效监督合力

当前，国有企业内外部监督呈分散格局，多头监管格局在实际运行中存在诸多问题。一是监督资源缺乏统筹。各监督主体职责相互交叉，工作条块分割，部门互不协调，缺乏统筹配置，监管效率低下，极易出现重复、交叉和空白监管等问题。二是监督信息共享不足。不同监督主体掌握信息来源不同，彼此间封闭独立，各层级监督机构、监管人员、监督方式自成体系，处于彼此隔离状态，未建立有效的信息共享机制，导致信息资源孤岛化。三是问题处理缺少协同。由于各监督机构间监督标准和执法力度的不同，执法监督中往往会出现监督结论不一、各执一词、问题处置缺少协同等现象，影响了监督工作的权威性，损害了监管部门的公信力。

三、进一步完善国资监管体系的对策建议

（一）构建分类分层的国企国资监管考核体系

在三层国资监管框架下，国企国资的监督考核主要从三个层面进行（见图1）。

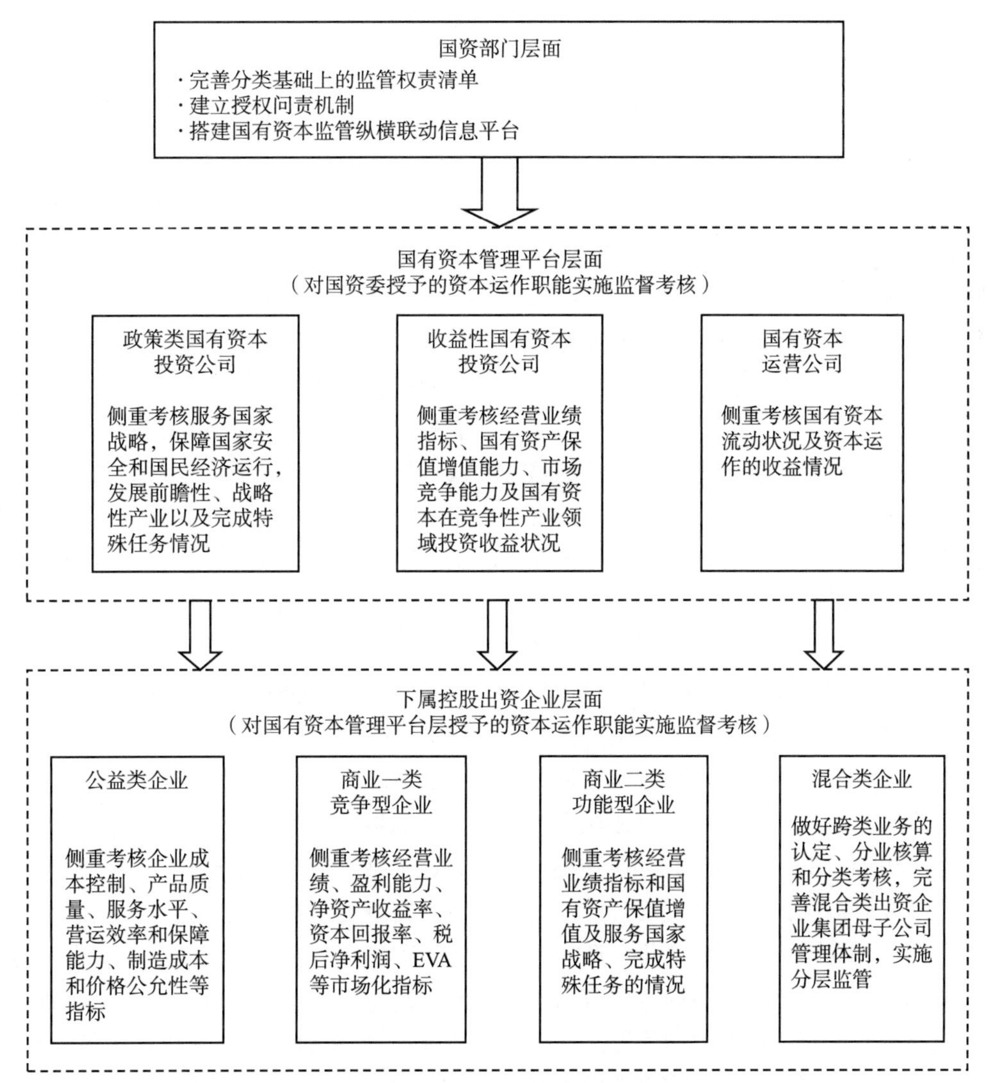

图1　分类别、分层级的国有资本监督考核体系构建思路框架

1. 进一步完善国资监管制度体系的顶层建构

在新的国资监管体系下，国资部门要重点完善分类基础上的权责清单、授权问责机制。一是以权力清单和责任清单为核心梳理出资监管制度。突出分类管理，细化国资监管机构与不同类型企业的监管权力和责任，使国资监管制度精简化、透明化，实现国资监管机构的“三个归位”。二是建立授权问责机制。创新监管授权的“负面清单”机制，按照“法无禁止皆可行”原则，制定针对两类公司的监管负面清单（胡迟，2017）。强化事中事后监督和责任追究，定期评估授权放权事项，对发现问题较多且整改不力的企业，缩小甚至取消授权权限，问题严重的追究责任甚至进行人事调整。

2. 进一步加强国资部门对国有资本管理平台的监督考核

按照国有资本分类管理思路，国有资本管理平台分为国有资本运营公司和国有资本投资公司两类。同时，按照国有资本投向布局，国有资本投资公司又可划分为政策类与收益性两大类。在监管方式上，国资部门主要通过加强“两类公司”董事会建设、开展股东董事委派、企业发展战略核定、章程管理调整、信息披露及经营投资责任追究等方式对“两类公司”进行监管。各类平台差异化的监管考核内容如下：

一是进一步加强政策性国有资本投资公司的监督考核。政策性国有资本主要投资于关系国家安全、国民经济命脉的重要行业和关键领域，以国家战略利益最大化为投资目标，对该类公司的监管主要以政策性项目计划实施进度、资金使用情况、经营业绩和国有资产保值增值等指标的实现为重点，加强对服务国家战略、保障国家安全和国民经济运行、发展前瞻性战略性产业以及完成特殊任务情况等社会目标与经营目标的双重监管，以保证在维护民生目标的同时，投资能够达到合理的资本回报率。

二是进一步加强收益性国有资本投资公司的监督考核。收益性资本主要投资于重要竞争性产业和技术创新等行业和领域。对该类公司的考核应当适当增加经营业绩指标、国有资产保值增值能力和市场竞争能力等核心指标的考核权重，重点考评国有资本在竞争性产业领域投资的收益状况，包括国有资本是否有效布局于具有增长潜力和竞争优势的商业类领域，是否在推动产业改造、转型升级、提升市场竞争能力方面发挥了一定的功能效应。

三是进一步加强国有资本运营公司的监督考核。该类公司专司从事国有资本（股权）运营，不投资实业，以收益最大化为其投资目标，在监管考核上应当将资本营运功能的发挥作为重点。一方面重点监管国有资本的流动状况，促进国有资本逐步从投资落后无效产能的非战略性业务领域向具有前瞻性、战略性的行业及未来产业领域合理流动。另一方面，重点对资本运作的收益进行监督考核，避免在资产或股权出售交易中由于决策或定价不当造成国有资产的流失。

3. 进一步加强国有资本管理平台对所出资企业的监督考核

在授放权过程中，国有资本投运公司有转变为“小国资委”，“过细”干预所出资企业经营业务的风险，为避免“两类公司”回归行政化，国有资本投运公司应重点在以下事项上对出资企业进行分类监管：

一是进一步加强对公益类出资企业的监管考核。公益类国企主要以承担政府公共服务目标为主，监管的重点是科学评价此类企业提供公共产品、公共服务的质量和效率，国有资本投运公司通过完善以董事会为核心的治理结构，推选出资方代表进入公司决策和监督机构，重点对企业成本控制、产品质量、服务水平、营运效率和保障能力、制造成本和价格公允性等指标进行监管。可探索引入“特许经营”、“政府购买服务”和“PPP”、“社会评价考核”等以协议约束的监管机制，实现行业内的适度竞争，激励企业更多地为社会提供服务和产品，降低成本，提高供给效率（陈勇鸣，2015）。

二是进一步加强对商业一类竞争型出资企业的监管考核。国有资本投运公司选派出资方代表依法进入竞争类企业的董事会，行使战略决策和日常监督职责。在监管考核模式上，采用市场化的薪酬和激励机制，重点加强对集团公司层面的监管，落实和维护董事会的各项权利，保障经理层经营自主权，积极推行职业经理人制度。重点考核经营业绩、盈利能力、净资产收益率、资本回报率、税后净利润、EVA 等市场化指标，实现国有资本收益的最大化，提高企业市场竞争力。

三是进一步加强对商业二类功能型出资企业的监管考核。功能类出资企业大多处于与国家安全及经济命脉相关的行业和领域，具有“公共服务性+盈利性”的特征，对于此类企业的监管除注重监管经营业绩指标和国有资产保值增值情况外，还要重点监管其服务国家战略、保障国家安全、发展前瞻性战略性产业以及完成特殊任务的情况，同时，依据委托代理的治理原则，国有资本投运公司向出资企业派出董事或监事，通过公司董事会和监事会贯彻出资人的意志。

四是进一步加强对混合类出资企业的监管考核。对较特殊的混合型出资企业，要重点做好跨类业务的认定、分业核算和分类考核。除坚持商业类和公益类两大类分类原则外，要根据企业实际情况，完善混合类出资企业集团母子公司管理体制，实施分层监管。对直接监管第一层面的出资企业属于混合型的，可依据权重法确定主业板块的分类依据，选择相应的监管模式。同时，对企业承担的其他副业板块，或由政府指定企业承担的社会事务，在制定监督考核目标基数时加以单列考核。对混合型出资企业所属子公司存在混合型情况的，要以“企业内部不得同业竞争”为原则，明确出资企业下设的子公司不再搞混业经营，并通过合理定位、改革重组等方式予以清理，以厘清监管关系，形成混合型国企分类分层分业为特色的监管体系。

（二）做好监管职责承接及监督资源整合工作

外派监事会划转后，特别是国资委取消对央企子公司层级的延伸监管后，国有企业集团及其二级以下子公司层面的监督真空需要相应的替代机制加以填补。设立内设监事会，作为一项较为成熟的公司治理制度，相比其他监督机制，具有效率更高、成本更低、效果更优的比较优势。为避免原监事会制度设计上的缺陷与不足，建议重建后的内设监事会做以下几方面的职能优化与调整：

一是整合内部监督资源统一并入企业内设监事会（见图2）。按照集团化管控思路，各企业应建构覆盖企业集团到子公司层面、贯通上下的内设监事会组织管理体系。同时，在法人治理结构健全的国有企业，增加外部专家监事的比重，由监事会主席牵头，与财务总监、纪委、审计、工会、法律等内部监督部门人员组成监事团队，依法进入企业监事会，共同代表出资人行使监督权。将企业内部各类监督资源统一整合并入企业内设监事会。并按照职责分工，在监事会下设立纪检审计监督、民主法律监督、财务与内控监督等专门监督委员会，各专门委员会由相应的监督部门组成，专门委员会主任由外派监事担任。监事会经费使用独立，监事任期内常驻企业，在公司内部治理中发挥制衡作用。

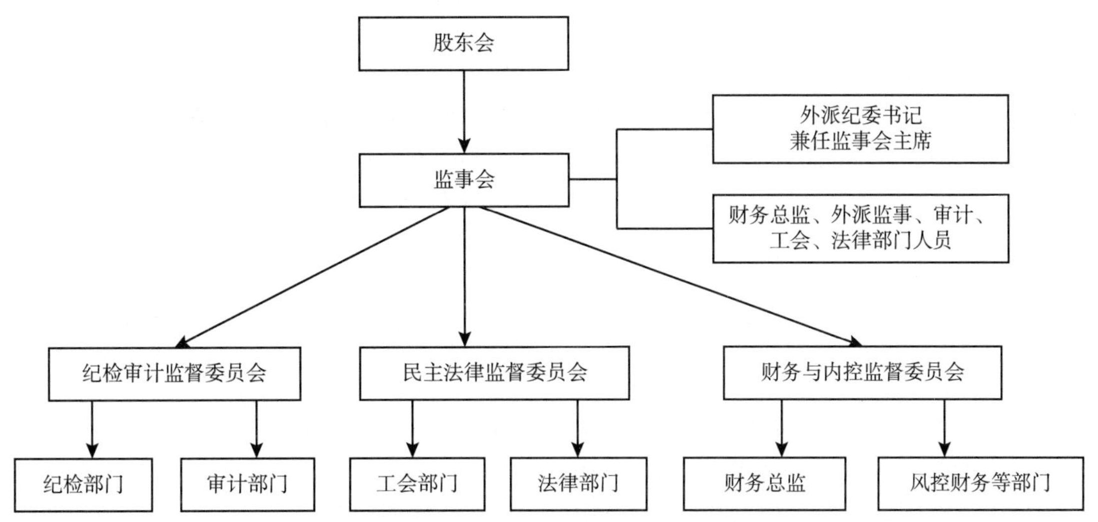

图 2　整合内设监督资源后的内设监事会组织架构

二是探索推广外派纪委书记与监事会主席交叉任职。建议结合中央纪委国家监委派驻机构改革契机，探索推广上级纪委、党组织向国有企业外派纪委书记兼任监事会主席。该做法的主要优势在于：外派纪委书记兼任监事会主席，依据党内法规履行监督执纪问责职责，并依据国资监管规定等法律法规履行监事监督职责，有利于促进监事会监督与问责的融合统一，增强纪委和监事会监督的权威性与独立性，实现纪委和监事会监督在企业经营管理领域的全覆盖。同时，纪委书记与监事会主席合二为一，有助于破解党组织在公司治理中的定位难题，实现党内监督与法人治理监督的有机结合。党组织通过监事会平台发挥作用，内嵌于公司治理结构之中，也有助于推动“两个一以贯之”原则在实践中落实落地。

（三）调整国资监督部门机构职能

国资委作为履行出资人职责的国资监管机构，其内设监督机构的设置及职能安排，要从有利于提升规制和履职效率、避免职能交叉的维度出发，进行相应的机构重构和职能调整。基于此，可考虑在国资委成立统一的公司治理监督局，并相应扩张其监管职能。一方面，扩大监督局对国企公司治理机构的管理权限，由其统一负责国有企业有关董事会、经理层和监事会的管理工作（蒋大兴，2019），包括下属企业监事会管理、授权放权事项监管、国企董事会监管、外派董监事推选、国企高管监管、追责问责、监管平台信息化建设等。另一方面，改变过去各局分散落实国资监督检查发现问题的监管方式，改由公司治理监督局统一负责国资监管各种问题的处理，包括对审计署及其他辅助出资人履职机构移交国资监管问题的统一核查、整改与落实等。

（四）搭建国有资本监管纵横联动的信息平台

国有企业监督资源的整合关键在于信息共享、有效联动，要在加强内外部协同监督机制的基础上，通过监督资源整合联动贯彻国资监管意图，促使内部监督与外部监督目标趋同，形成监督协同合力。一是可进一步完善信息公开制度，通过建立统一的网络信息监管平台，及时向公众披露国有资本整体运营监管、国有企业公司治理、经营情况、财务状况、关联交易、企业负责人薪酬等信息，有效保证社会对国有资产运营的监督权。二是可搭建国资国企智能在线监管系统。从纵向增加国资国企监管层级。加强国资委对“两类公司”、“两类公司”对所出资企业，以及出资企业下属子企业监事会工作的指导监督，延伸监管链条，有效利用云计算、大数据、区块链、人工智能等技术，从国资委到国企穿透底层获取信息，确保业务工作对下有指导、监管信息对上有反馈。横向强化监事会与企业内部各监督主体的沟通协同以及与国资委相关业务部门的工作配合，完善信息授权共享机制，促进国资监管信息资源在各监督主体与上下级部门间跨层次、跨部门交流共享和开发利用，打牢监管的信息基础，提升整体监管效能。

参考文献

［1］武志敏：《国有资产监管中的政府职能转变问题研究》，华北理工大学硕士学位论文，2015年。

［2］郭春丽：《国有资产管理体制改革的总体思路和实现路径》，载《宏观经济管理》2014年第10期。

［3］李晓慧、敖小波：《国有资产监管：演变历程、理论逻辑与改革方向》，载《扬州大学学报（人文社会科学版）》2018年第4期。

［4］王丹莉：《新中国国有资产管理模式的演变——从全面介入到两权分离》，载《当代中国史研究》2016年第5期。

［5］郑树生等：《国有资产监管与营运》，中国审计出版社2002年版。

［6］焦葵：《基于“国资通”项目的国资监管问题研究与实践——以天津市属企业国资监管为例》，天津大学硕士学位论文，2015年。

［7］彭良军：《基于管资本为主的国有资产监管体制研究》，载《新会计》2019年第5期。

［8］王昊菲：《论新型国有资本监管模式的构建——基于“管资产”转向“管资本”视角》，对外经济贸易大学硕士学位论文，2017年。

［9］郝鹏：《国务院关于2019年度国资系统监管企业国有资产管理情况的专项报告——2020年10月15日在第十三届全国人民代表大会常务委员会第二十二次会议上》，

中国人大网，http：//www. npc. gov. cn/npc/c30834/202010/92861cc1660044d0b4c1511083bab902. shtml。

［10］王倩倩：《以管资本为主加快自我革命　国资监管体制持续优化》，载《国资报告》2020 年第 9 期。

［11］李有华、马忠、张冰石：《构建以管资本为导向的新型国有资本监督考核体系》，载《财会月刊》2018 年第 5 期。

［12］胡迟：《国有资本投资、运营公司监管的新发展与强化对策》，载《经济纵横》2017 年第 10 期。

［13］陈勇：《完善国有企业分类监管的对策建议》，载《上海企业》2015 年第 3 期。

［14］蒋大兴：《国资监管职能的重组——如何应对国企外派监事会的取消?》，载《南开学报（哲学社会科学版）》2019 年第 3 期。

【国有企业党建与治理】

国有企业党组织嵌入公司治理结构对资本保值增值的研究*

董梅生　赵　宏　陈　东**

［摘　要］本文从“管资本就要管党建”的顶层设计逻辑，研究了党组织嵌入公司治理结构的机理是中国特色的政治、经济和文化基础，途径是通过“双向进入、交叉任职”的方式。实证分析发现，在“双向进入”角度，党组织不但直接提高了资本保值增值率，还通过嵌入董事会、监事会和经理层间接提高了资本保值增值率。在“单向进入”角度，国有企业的党委与纪委重叠人数虽然对资本保值增值率没有直接产生有效作用，但能通过与董事会、监事会、经理层和纪委规模的交叉项间接改善资本保值增值率。在“交叉任职”角度，董事长兼任党委书记可以充分发挥“把方向、管大局、保落实”的领导作用，直接和间接通过对董事会、监事会和经理层施加影响，促进资本保值增值率的改进，稳健性检验发现结论具有一致性。

［关键词］国有企业；党组织建设；公司治理结构；资本保值增值

一、引言

加强党的建设是习近平新时代中国特色社会主义思想的重要组成部分，全面从严治党是党的十八大以来党中央做出的重大战略部署，顶层设计非常注重国有企业党组织建设问题。2015 年中共中央办公厅颁发的《关于在深化国有企业改革中坚持党的领导加强党的建设的若干意见》指出，坚持党的领导、加强党的建设是国有企业的“根”和“魂”，是国有企业的独特优势。2016 年 10 月，习近平在全国国有企业党的建设工作会议上指示，中国国有企业制度的“特色”就是把党的领导融入公司治理各环节，把党组织内嵌到公司治理结构之中，并把“讨论前置”作为党组织参与公司治理的具体方式。

事实上，经过几十年的改革开放，国有企业治理机制正从“行政型”和“经济型”二元并存模式，转化到“行政型”与“经济型”交织模式，体现为政府对“经济型治理失效”时运用行政手段进行干预和介入的“行政相机治理”机制（李维安等，2019），其中国有企业党组织担任了这种相机治理的主要角色。党组织通过“双向进入，交叉任职”的方式，一方面通过直接掌握企业大量一手信息，可以有效抑制内部人控制问题，另一方面依据“党管干部”的原则，利用拥有的话语权，党组织可以促使企业经济目标与社会政治目标达成一致，实证结果也支持这一结论。首先，党组织参与公司治理有利于内部效率的提升，不仅对公司治理结构的效能具有直接、正向影响，还可以通过影响董事会、监事会、经理层对公司治理结构的效能产生间接、正向影响（刘福广等，2019），甚

* 清华大学中国现代国有企业研究院课题“国有企业党建嵌入公司治理结构对国有资本增值保值的研究”（iSOEYB202020）、江苏大学高级技术人才科研启动基金项目“国资管理三层架构下的混合所有制企业股权结构选择研究”（19JDG001）、教育部人文社会科学研究青年基金项目“党组织嵌入对投资‘脱虚向实’的影响——基于中国民营企业理论与实证研究”（18YJC790009）、安徽省自然科学基金项目“职能跨界视角下民营制造企业党组织对投资‘脱实向虚’影响研究”（1808085MG211）。

** 董梅生，应用经济学博士，江苏大学财经学院副教授，硕士生导师（江苏镇江，212013）；赵宏，管理学硕士，平安证券股份有限公司投资银行事业部（上海，200120）；陈东，应用经济学博士后，安徽工业大学商学院教授，硕士生导师（安徽马鞍山，243032）。

至通过选择规模较大的会计师事务所提高了信息披露的质量（程博等，2017；毛志宏、魏延鹏，2020），对董事会决议投票敢于发表不同意见（柳学信等，2020），对正向操纵盈余和负向操纵盈余行为均有显著的抑制作用（程海艳等，2020）。党组织参与治理还能有效防范国有资产流失问题（陈仕华、卢昌崇，2014），提高了董事会非正式等级之间的平等性（黄文锋等，2017），能够降低国企高管的预算松弛程度（代彬等，2020），在国外技术封锁和产业结构转型升级的关键时期，甚至提高了国企创新绩效（王中超、周绍妮，2020）。其次，党组织参与公司治理结构还能防范高管过度投资行为（郭宏等，2019），也能抑制高管腐败行为（严若森、吏林山，2019；周婷婷，2016）和高管攫取超额薪酬的行为，缩小高管与普通员工之间的收入差距（马连福等，2013）。

综上所述，虽然公司治理结构关注的是如何在公司所有权和控制权分离的情况下，通过激励与约束机制要求管理层和员工按照股东利益最大化行事，但是在中国特殊国情下，国有企业属于全民所有，天然存在所有者“缺位”问题，管理层成为事实上的内部控制人，因此需要党组织发挥制度优势，通过嵌入公司治理结构纠正这种偏离行为，以发挥“行政经济型”治理中的行政相机治理作用。目前文献较好地研究了国有企业党组织参与公司治理结构的效果，但是党组织参与公司治理结构的机理、方式还亟待研究。另外，中国国有企业改革背景发生了深刻变化，国资管理从“管人管事管资产”转变为“管资本”模式，对国有企业的考核转化为优化国有经济布局、实现国有资产保值增值，但目前还很少有学者关注党组织建设对国有资产保值增值的作用机理和作用途径。然而，从国有企业改革的战略部署看，管资本改革与加强党组织建设是同时为之、相互配套的举措，需要在整体框架下理解“经济行政型”治理模式中“管资本就要管党建”的顶层设计逻辑，为此本文进行研究，以探索党组织嵌入公司治理结构的作用机理和影响效果。

本文可能的贡献在于：第一，现有文献主要关注党组织对国有企业的治理效果，但忽略了其嵌入公司治理结构的作用机理和作用途径，本文研究有助于深入理解政党制度对国有企业行为的影响，有助于构建中国特色的政党制度，为马克思主义中国化提供实践参考。第二，现有文献忽视了中国国有企业改革背景的深刻变化，从“积极发展混合所有制经济”到“培养具有全球竞争力的世界一流示范企业”再到“双百行动计划”，尤其是国有企业的考核目标从“管资产”到“管资本”理念的变化，无不需要用高质量的党建工作引领国有企业不仅要注重资产保值增值，更需要关心资产质量，优化国有经济布局。本研究有利于揭示“党管干部”约束和平衡国企经营的决策方式，有利于理解中国特色的政企关系和“管资本就要管党建”的顶层设计逻辑。

二、国有企业党组织嵌入公司治理结构的机理和途径

（一）国有企业党组织嵌入公司治理结构的机理研究

企业理论中的委托代理理论、资源基础理论、制度经济学理论被赋予了具有中国特色的全新内涵，政府部门的政策方针将会直接通过党群组织传导到国有企业，国有企业党组织嵌入公司治理结构的基础是中国特色的政治、经济和文化制度。

1. 国有企业党组织嵌入公司治理结构的政治基础研究

坚持党对国有企业的领导不动摇，发挥企业党组织的领导核心和政治核心作用，使得党组织参与公司治理，是中国国有企业公司治理的一大特色。《宪法》总纲规定中国共产党领导是中国特色社会主义最本质的特征，国有经济是国民经济中的主导力量。《中国共产党章程》要求国有企业党组织发挥“把方向、管大局、保落实”的领导作用，依照规定讨论和决定企业重大事项。《中华人民共和国公司法》第十九条规定公司应当为党组织的活动提供必要条件。这些都是党组织嵌入国有企业党组织的政治基础，其机理是资源基础理论。资源基础理论认为每个企业都具有独特的有形和无形的资源，尤其是具有中国特色的国有企业，党组织作为与政府

沟通的桥梁，与民营企业相比，不仅享有政府独特的财政税收、货币资金、科技政策等资源扶持，还具有输送优选人才到企业任职的能力。党组织通过“双向进入，交叉任职”的方式，依据党管干部的原则，通过董事长兼任党委书记等方式嵌入公司治理结构，从而党组织具有一定的话语权，促成了企业经济目标与社会政治目标协调一致，尤其是国有企业承担的结构转型升级、资本保值增值的目标。

2. 国有企业党组织嵌入公司治理结构的经济基础研究

国有企业是中国特色社会主义的重要物质基础，是贯彻新发展理念、全面深化改革的重要力量，是实施“走出去”战略、“一带一路”建设等的重要力量，是壮大综合国力、促进经济社会发展、保障和改善民生的重要力量，这是党组织嵌入公司治理结构的经济基础，其影响机理是委托代理理论。委托代理理论的核心是在所有权与经营权分离的基础上，由于信息不对称，企业委托人与代理人会存在目标不一致的问题：一方面国有企业有追究增长的经济目标，也有维持社会稳定的政治目标；另一方面，市场经济强化了企业对利润的追求，容易造成代理人为追求高利润而进行过度投资或者虚拟投资，这不利于国有企业主业的做强做精和产业布局的优化升级，2008 年的世界金融危机就是过度金融虚拟化的恶果。2019 年 4 月施行的《中国共产党党组工作条例》第十五条规定，“重大经营管理事项必须经党组研究讨论后，再由董事会或者经理层作出决定”，因此国有企业对“三重一大”项目落实了党组织研究讨论后由董事会或者经理层做出决定的“讨论前置”决策机制，这表明国有企业党组织具有了“决定什么不能干”的权力，切切实实发挥了“把方向、管大局、保落实”的领导作用（强舸，2018），避免或者缓解了经理层的过度投资、虚拟投资问题，实现了坚持主业、优化产业布局的投资战略，这也有利于资产保值增值。

3. 国有企业党组织嵌入公司治理结构的文化基础研究

在转型国家和新兴经济体中，正规制度往往是不完善的，需要用非正式制度弥补。新制度经济学认为人是有限理性的，无论是员工还是管理者都不可能按照新古典经济学的“完全理性人”行事，企业也不可能严格按照工人的边际收益率等于工人工资雇用工人，管理层也会追求自身权力（益）的最大化而不是企业利润最大化，工人工作热情也不可能不受工作环境、归属感和认同感影响。正因为如此，才需要构建企业文化弥补这些缺陷。党风建设是企业文化的重要组成部分，也是中国特色政党文化和政治文化的基础。习近平在党的十八届三中全会上指出，“政治文化是政治生活的灵魂，对政治生态具有潜移默化的影响”。党内政治文化延续了马克思主义先锋队理论，也包含中国优秀的传统文化，如依托社会主义核心价值观引领企业建设“开拓、创新、诚信、团结、高效、合作”的先进文化，通过环境影响、氛围熏陶、情景感染、习惯促进等影响职工行为。因此党组织可以发挥文化核心作用，探索员工物质和精神双重激励制度，塑造企业和员工利益共同体的和谐氛围，化解劳资矛盾，让员工产生归属感和认同感，从而稳定职工队伍，彻底改变员工和管理者的懈怠行为，激发员工的创造力和担当有为的精神，这是国有企业党组织嵌入公司治理结构的文化基础。

根据以上分析，国有企业党组织通过中国特色的政治、经济和文化制度，无缝对接嵌入了公司治理结构，在“把方向、管大局、保落实”的领导作用下，发挥了党组织的正向效应，因此提出假设：

H1：党组织嵌入公司治理结构有利于国有资产保值增值。

（二）国有企业党组织嵌入公司治理结构的途径研究

党委会主要通过“双向进入、交叉任职”的方式进入董事会、监事会、经理层和纪委，但是他们参与的方式不同。第一种是党委（党组）参与董事会情形。党的十八大后党组织书记、董事长一般由同一个人担任。因为董事长和总经理不能同时兼任，所以总经理一般担任党组副书记。另外国有企业一般设置了专职副书记并担任董事，因此党委（党组）参与董事会至少有 3 人，但外部董事不会在党委（党组）内，其工作程序是董事会的“三重一大”事项需要经过“讨论前置”程序决策。第二种是党委（党组）参与经理层情形。一般而言，除非经理层不是党员或者经理人数较多的时候，党员经理层一般都会进入党委（党组），因此经理层与党委（党组）重合率较高，其工作程序也是“三重一大”事项需要经过“讨论前置”程序决策，但是董事会的“三重一大”事项标准远远高于经理层的“三重一大”事项，开会频率也略低。第三种是党委（党组）参与监事会情形。即监事会成员同时也是党组成员，这也是一种双向进入。第四种是党委（党组）参与纪委情形。纪委会主要包括纪委书记、纪委副书记及纪委委员等，他们通过兼任董事会、监事会或经理层人员的方式参与国有企业治理，这是一种单向参与而不是双向进入。因此我们用党委与董事会成员重合的人数（比率）、党委与经理层重合的人数（比率）、党委与监事会重合的人数（比率）作为“双向进入”指标，用党委会成员与纪委重合人数作为“单向进入”指标，用党委书记是否是公司董事长作为“交叉任职”指标，并提出如下假设：

假设 H21：党委会成员与董事会成员重合人数（比例）与国有资产保值增值率正相关。

假设 H22：党委会成员与监事会成员重合人数（比例）与国有资产保值增值率正相关。

假设 H23：党委会成员与经理层成员重合人数（比例）与国有资产保值增值率正相关。

假设 H24：党委会成员与纪委成员重合人数与国有资产保值增值率正相关。

假设 H31：党委书记兼任公司董事长与国有资产保值增值率正相关。

三、实证分析

（一）指标选取与数据处理

1. 数据处理

除了特殊说明，本文数据全部来自国泰安上市公司数据库，剔除了金融、保险、证券行业，并按照终极控制人的性质区分了国有企业、民营企业和外资企业，最终收集了 2013 ~ 2019 年国有企业 4738 条数据。

2. 指标选取

（1）因变量。资本保值增值率（ = 所有者权益期末值/期初值），为进行稳健性检验，绩效指标还选取了净资产收益率（ = 净利润/股东权益平均余额）、总资产净利润率（ = 净利润/总资产平均余额）、托宾 Q 值（ = 市值/资产总计）。

（2）党组织建设指标。党委会主要通过“双向进入、交叉任职”的方式参与公司治理，借鉴马连福等（2012）、郝云宏和马帅（2018）的做法，将党委与董事会、监事会和经理层三者重合人数作为党组织建设“双向进入”的指标，考虑到不同国有企业的董事会、监事会和经理层的规模不同，所以本文“双向进入”指标还增加了党委与董事会、监事会和经理层三者重合比例。另外，纪委也是发挥党建作用的重要渠道之一，所以还增加了党委与纪委重合人数指标。“交叉任职”指标用董事长兼任党组织书记代表。

（3）公司治理结构指标。公司治理结构是指所有者对公司生产经营进行监督、激励、控制和协调的一整套制度安排，通常由股东会、董事会、经理层和监事会组成，中国还有特色的纪委机构，因此公司治理结构指标选取第一大股东持股比例、Z 指数（ = 第一大股东持股比例/第二大股东持股比例）、董事会规模、监事会规模、高管人数和中国特色的委员会设立总数代表。

（4）控制变量。控制变量包括公司规模（员工人数），资本结构（资产负债率 = 总负债/总资产），成长性［净资产收益增长率 =（本年净资产收益率 − 上年净资产收益率）/上年净资产收益率］，独立董事比例（ = 独立董事人数/董事会人数），董事、监事和高管平均薪酬。同时还控制行业、地区和年份，其中行业划分标准根据 2001 年中国证监会《上市公司行业分类指引》，制造业采用二级代码分类，其他按一级代码分类，共分为 17 个行业子类；2013 ~ 2019 年设置了 6 个虚拟变量，以 2013 年为基准；地区分为东中部、中部、西部，以西部为基准。上述指标名称、符号和基本统计量见表 1。

表1 指标名称、符号和国有企业各指标的基本统计量

指标		变量	平均值	中位数	标准差	偏度	峰度	样本数
绩效	资本保值增值率	value	1.229	1.058	5.565	59.999	3906.954	4738
	净资产收益率	roe	-0.011	0.06	3.582	-39.348	2495.76	4738
	总资产净利润率	roa	0.051	0.025	1.584	67.464	4611.161	4738
	托宾Q值	tob	2.039	1.472	3.621	35.596	1734.22	4596
党组织建设	党委与监事会重合人数	supervisco	1.598	1	1.338	0.875	3.906	4738
	党委与监事会重合比例	supervisrate	36.035	33.333	26.174	0.045	1.813	4738
	党委与经理人员重合人数	managecoin	12.171	12	3.809	0.604	4.651	4738
	党委与经理人员比例	managerate	60.107	60	14.953	-0.355	3.86	4738
	党委纪委重合人数	inspectcoi	0.874	1	0.332	-2.248	6.055	4738
	党委与董事会重合人数	boardcoincid	1.598	1	1.338	0.875	3.906	4738
	党委与董事会重合比例	boardrate	17.456	14.286	14.411	0.776	3.518	4738
	党委书记兼任董事长	party	1	1	0.021	-48.642	2367	4738
公司治理结构	第一大股东持股比例	equityconcen	37.697	35.434	15.586	0.425	2.546	4738
	Z指数	Z	16.670	23.810	11.584	67.477	4611.991	4738
	董事人数	board	9.254	9	1.951	1.11	5.629	4738
	监事总规模	supervise	4.334	5	1.515	1.427	6.59	4738
	高管人数	manage	6.751	7	2.293	1.011	5.525	4738
	委员会设立总数	committee	4.013	4	0.6	0.13	9.874	4738
控制变量	员工总数	scale	1.1e+04	3147	3.9e+04	10.653	143.275	4738
	净资产收益率增长率	roerate	1.467	0	123.187	43.944	2676.646	4738
	独立董事比例	indir	36.897	33.333	5.387	2.113	9.634	4738
	董事、监事及高管平均年薪	pay	42.372	31.25	41.211	4.86	57.33	4738

表1显示国有企业的资本保值率水平并不高，平均值为1.229，中位数为1.058，低于1年期的银行存款利率。另外几个绩效指标值也不高，净资产收益率（平均值为-0.011，中位数为0.060）和总资产净利润率（平均值为0.051，中位数为0.025）甚至比资本保值增值率更低，托宾Q值表现稍微好点，平均值为2.039，中位数为1.472，但总体而言，国企绩效表现并不靓丽。

国有企业非常重视党组织建设，仅从平均值来看，国有企业的党委与监事会重合人数为1.598，党委与监事会重合比例为36.035；党委与经理层重合人数为12.171，党委与经理层重合比例为60.107；党委与纪委重合人数为0.874；党委与董事会重合人数为1.598，党委与董事会重合比例为17.456。这反映出党委与经理层的重合人数和重合比例显著高于党委与董事会的重合人数和重合比例，符合我们前文的分析。

公司治理结构显示国有企业的第一大股东持股比例为37.697，第一大股东是第二大股东的16.670倍，说明国有企业还是一股独大的股权结构。另外董事会、监事会、经理层和委员会设立规模大致在9人、5人、7人和4人左右，符合实际情况。

（二）计量模型

本文主要采用面板回归方法进行实证分析，并对所有连续变量进行上下1%的缩尾处理。在面板回归过程中，Hausman检验不显著时，采用随机效应模型，反之，采用固定效应模型。

1. 党组织嵌入董事会对资本保值增值率的面板回归

表2汇报了党组织嵌入董事会对资本保值增值率的面板回归结果，列（1）显示党委与董事会重合人数（boardcoincid）和资本保值增值率（value）在1%的显著性水平上正相关，加入交叉项（board * boardcoincid）以后，列（2）显示仍然是显著正相关，这表明党委与董事会重合人数不仅直接提升了资本保值增值率，还可以间接通过董事会改善资本保值增值率，符合假设H21。列（3）表明党委与董事会重合比例（boardrate）和资本保值增值率（value）显著正相关，列（4）表明党委与董事会重合比例和董事会的交叉项（board * boardrate）显著正相关，这说明党委与董事会重合比例不仅直接提升了资本保值增值率，还可以间接通过董事会改善资本保值增值率，符合假设H21，因此党组织嵌入董事会有利于提高资本保值增值率。

表2　党组织嵌入董事会对资本保值增值率的面板回归结果

	(1) value	(2) value	(3) value	(4) value
boardcoincid	0.026 *** (7.083)	0.111 *** (7.321)		
equityconcen	-0.010 *** (-3.007)	-0.009 *** (-3.007)	-0.009 *** (-3.007)	-0.009 *** (-3.007)
z	-0.012 (-0.054)	-0.012 (-0.054)	-0.012 (-0.054)	-0.012 (-0.054)
board	0.010 *** (5.064)	0.027 *** (5.090)	0.015 *** (5.066)	0.015 *** (5.066)
supervise	-0.076 (-0.084)	-0.078 (-0.084)	-0.075 (-0.083)	-0.075 (-0.083)
manage	0.013 *** (6.045)	0.012 *** (6.045)	0.013 *** (6.045)	0.013 *** (6.045)
committee	0.319 * (2.180)	0.320 * (2.180)	0.320 * (2.180)	0.320 * (2.180)
scale	0.000 (0.000)	0.000 (0.000)	0.000 (0.000)	0.000 (0.000)
roerate	0.000 *** (9.001)	0.000 *** (9.001)	0.000 *** (9.001)	0.000 *** (9.001)
indir	-0.006 (-0.020)	-0.006 (-0.020)	-0.006 (-0.020)	-0.006 (-0.020)
pay	0.002 *** (4.002)	0.002 *** (4.002)	0.002 *** (4.002)	0.002 *** (4.002)
board * boardcoincid		0.009 *** (6.032)		
boardrate			0.003 *** (3.007)	0.003 *** (3.007)
board * boardrate				0.01 *** (6.07)
_cons	1.168 (1.233)	1.349 (1.399)	1.209 (1.229)	1.209 (1.229)
年份	控制	控制	控制	控制
地区	控制	控制	控制	控制
行业	控制	控制	控制	控制
n	4738	4738	4738	4738
hausman	6.35	7.04	6.72	6.72
sigma_u	1.556	1.558	1.555	1.555
sigma_e	5.610	5.610	5.610	5.610
rho	0.071	0.072	0.071	0.071

注：* $p<0.1$，** $p<0.05$，*** $p<0.01$，括号里是t值，全文同此，不再赘述。

2. 党组织嵌入监事会对资本保值增值率的面板回归

表3汇报了党组织嵌入监事会对资本保值增值率影响。列（1）实证结果表明党委与监事会重合人数（superviscoincid）和资本保值增值率（value）虽然呈现负相关性，但影响不显著；列（2）显示党委与监事会重合人数和监事会交叉项（supervisco * supervise）对资本保值增值率（value）显著正相关，这表明虽然国有企业监事会直接功能发挥作用有限，但是加入党组织以后，可以间接提高资本保值增值率（value），符合假设H22。列（3）表明党委与监事会重合比例（supervisrate）和资本保值增值率（value）显著正相关，且列（4）党委与监事会重合比例和监事会交叉项（supervisrate * supervise）也是

显著正相关，这说明党组织嵌入监事会以后，对资本保值增值率发挥了直接和间接的双向促进作用，符合假设 H22。

表 3　党组织嵌入监事会对资本保值增值率的面板回归结果

	(1) value	(2) value	(3) value	(4) value
superviscoincid	-0.026	-0.080		
	(-0.083)	(-0.215)		
equityconcen	-0.010***	-0.009***	-0.010***	-0.010***
	(-5.007)	(-5.007)	(-5.007)	(-5.007)
z	-0.012***	-0.012***	-0.012***	-0.012***
	(-4.054)	(-4.054)	(-4.054)	(-4.054)
board	0.010***	0.011***	0.010***	0.010***
	(7.064)	(7.064)	(7.064)	(7.064)
supervise	-0.076	-0.096	-0.086	-0.065
	(0.084)	(0.112)	(0.076)	(0.122)
manage	0.013***	0.012***	0.013***	0.013***
	(3.045)	(3.045)	(3.045)	(3.045)
committee	0.319*	0.318*	0.319*	0.319*
	(2.180)	(2.180)	(2.180)	(2.180)
scale	0.000*	0.000*	0.000*	0.000*
	(2.000)	(2.000)	(2.000)	(2.000)
roerate	0.000*	0.000*	0.000*	0.000*
	(2.001)	(2.001)	(2.001)	(2.001)
indir	-0.006	-0.006	-0.006	-0.006
	(-0.020)	(-0.020)	(-0.020)	(-0.020)
pay	0.002***	0.002***	0.002***	0.002***
	(4.002)	(4.002)	(4.002)	(4.002)
supervisco * supervise		0.010***		
		(6.038)		
supervisrate			0.001***	0.002***
			(5.004)	(5.012)
supervisrate * supervise				0.001***
				(4.003)
_cons	1.168	1.278	1.206	1.119
	(1.233)	(1.298)	(1.229)	(1.288)
年份	控制	控制	控制	控制
地区	控制	控制	控制	控制
行业	控制	控制	控制	控制
n	4738	4738	4738	4738
hausman	6.35	6.94	6.84	7.44
sigma_u	1.556	1.557	1.555	1.557
sigma_e	5.610	5.611	5.610	5.610
rho	0.071	0.072	0.071	0.071

3. 党组织嵌入经理层对资本保值增值率的面板回归

表 4 显示了党组织嵌入经理层对资本保值增值率影响结果。列（1）实证结果表明党委与经理层重合人数（managecoincid）和资本保值增值率（value）显著正相关；加入交叉项以后，列（2）显示党委与经理层重合人数（managecoincid）的系数显著提高，从 0.036 提高到 0.076，党委与经理层重合人数和经理层交叉项（managecoin * manage）和资本保值增值率（value）显著正相关，这表明党组织嵌入经理层以后，从直接和间接角度都有利于提高资本保值增值率（value），符合假设 H23。列（3）表明党委与经理层重合比例（managerate）和资本保值增值率（value）显著正相关，且列（4）的正向系数从 0.010 提高到 0.025，党委与经理层重合比例和经理层交叉项（managerate * manage）也是显著正相关，这说明党组织嵌入经理层以后，对资本保值增值率都发挥了直接和间接的正向促进作用，符合假设 H23。

表 4　党组织嵌入经理层对资本保值增值率的面板回归结果

	(1) value	(2) value	(3) value	(4) value
managecoincid	0.036***	0.076***		
	(3.033)	(3.075)		
equityconcen	-0.010***	-0.010***	-0.010***	-0.010***
	(-6.007)	(-6.007)	(-6.007)	(-6.007)
z	-0.011***	-0.010***	-0.011***	-0.011***
	(-6.054)	(-6.054)	(-6.054)	(-6.054)

续表

	(1) value	(2) value	(3) value	(4) value
board	0.040***	0.039***	0.019***	0.016***
	(4.070)	(4.070)	(4.064)	(4.064)
supervise	-0.102	-0.102	-0.077	-0.078
	(-0.077)	(-0.077)	(-0.076)	(-0.076)
manage	0.022***	0.045***	0.002***	0.132***
	(3.046)	(3.123)	(3.046)	(3.146)
committee	0.291***	0.289***	0.287***	0.296***
	(4.181)	(4.181)	(4.181)	(4.181)
scale	0.000	0.000	0.000	0.000
	(0.000)	(0.000)	(0.000)	(0.000)
roerate	0.000*	0.000*	0.000*	0.000*
	(2.001)	(2.001)	(2.001)	(2.001)
indir	-0.007	-0.006	-0.007	-0.007
	(0.020)	(0.020)	(0.020)	(0.020)
pay	-0.002	-0.002	-0.002	-0.002
	(-0.002)	(-0.003)	(-0.002)	(-0.002)
managecoin * manage		0.005***		
		(8.009)		
managerate			0.010***	0.025***
			(5.007)	(5.017)
managerate * manage				0.002***
				(8.002)
_cons	1.320	0.822	0.749	-0.206
	(1.233)	(1.502)	(1.268)	(-1.627)
年份	控制	控制	控制	控制
地区	控制	控制	控制	控制
行业	控制	控制	控制	控制
n	4738	4738	4738	4738
hausman	8.74	6.17	6.44	7.32
sigma_u	1.551	1.552	1.546	1.542
sigma_e	5.610	5.611	5.610	5.611
rho	0.071	0.071	0.071	0.070

4. 党组织嵌入纪委对资本保值增值率的面板回归

表5显示的是党组织嵌入纪委对资本保值增值率的影响结果。列（1）表明，党委与纪委重合人数（inspectcoincid）有利于提升资本保值增值率，但是不显著；列（2）党委与纪委重合人数和董事会的交叉项（inspectcoi * board）通过了检验，且与资本保值增值率（value）显著正相关；列（3）党委与纪委重合人数和监事会的交叉项（inspectcoi * supervise）通过了检验，且与资本保值增值率（value）显著正相关；列（4）党委与纪委重合人数和经理层的交叉项（inspectcoi * manage）通过了检验，且与资本保值增值率（value）显著正相关。这说明虽然党委与纪委重合人数直接对资本保值增值率的正向影响不显著，但是嵌入董事会、监事会、经理层以后，发挥了党组织先进模范作用，促进了资本保值增值率的改善，符合假设H24。

表5　党组织嵌入纪委对资本保值增值率的面板回归结果

	(1) value	(2) value	(3) value	(4) value
inspectcoincid	0.093	0.453	0.742	0.770
	(0.298)	(1.535)	(0.971)	(0.819)
equityconcen	-0.010***	-0.010***	-0.010***	-0.010***
	(-5.007)	(-5.007)	(-5.007)	(-5.007)
z	-0.012	-0.012	-0.012	-0.013
	(-0.054)	(-0.054)	(-0.054)	(-0.054)
board	0.011***	0.026***	0.008***	0.009***
	(6.064)	(6.168)	(6.064)	(6.064)
supervise	-0.091	-0.089	-0.072	-0.090
	(-0.077)	(-0.077)	(-0.244)	(-0.077)
manage	0.014*	0.014*	0.014*	0.079*
	(2.045)	(2.045)	(2.045)	(2.114)
committee	0.317*	0.318*	0.319*	0.313*
	(2.180)	(2.180)	(2.180)	(2.180)
scale	0.000	0.000	0.000	0.000
	(0.000)	(0.000)	(0.000)	(0.000)
roerate	0.000*	0.000*	0.000*	0.000*
	(2.001)	(2.001)	(2.001)	(2.001)
indir	-0.006	-0.006	-0.006	-0.006
	(-0.020)	(-0.020)	(-0.020)	(-0.020)
pay	0.002***	0.002***	0.002***	0.002***
	(4.002)	(4.002)	(4.002)	(4.002)

续表

	(1) value	(2) value	(3) value	(4) value
inspectcoi * board		0.041 *** (5.172)		
inspectcoi * supervise			0.175 *** (4.249)	
inspectcoi * manage				0.107 *** (4.121)
_cons	1.164 (1.234)	0.828 * (1.869)	0.534 (1.526)	0.595 (1.392)
年份	控制	控制	控制	控制
地区	控制	控制	控制	控制
行业	控制	控制	控制	控制
n	4738	4738	4738	4738
hausman	7.23	10.97	8.96	8.38
sigma_u	1.556	1.558	1.562	1.562
sigma_e	5.609	5.608	5.608	5.608
rho	0.071	0.072	0.072	0.072

5. 交叉任职对资本保值增值率的面板回归

表6是从党组织交叉任职的角度，研究董事长兼任党委书记嵌入公司治理结构对资本保值增值率的影响。列（1）表明，董事长兼任党委书记（party）直接显著提高了资本保值增值率（value）；而这种交叉任职对董事会、监事会、经理层的交叉项系数也通过了检验，且正相关，如列（2）董事长兼任党委书记和董事会交叉的系数（party * board）为0.557，列（3）董事长兼任党委书记和监事会交叉的系数（party * supervise）为0.278，列（4）董事长兼任党委书记和经理层交叉的系数（party * manage）为0.189，不仅说明董事长兼任党委书记不但发挥了把方向的直接领导作用，还通过"三重一大"事项的前置决策程序间接促进了资本保值增值率的改进，符合假设H31。这是因为党组织在国有企业中居于核心地位，尤其是董事长兼任党组织书记，可以切实发挥领导作用，从源头上确保公司生产经营各项工作的合法合理开展，确保了党组织参与重大问题总揽全局的作用。

表6　交叉任职对资本保值增值率的面板回归结果

	(1) value	(2) value	(3) value	(4) value
party	0.066 *** (4.142)	4.665 *** (70.545)	1.179 *** (17.079)	1.199 *** (11.229)
equityconcen	-0.010 *** (-5.007)	-0.010 *** (-5.007)	-0.010 *** (-5.007)	-0.010 *** (-5.007)
z	-0.012 (-0.054)	-0.012 (-0.054)	-0.012 (-0.054)	-0.012 (-0.054)
board	0.010 *** (8.064)	0.567 *** (8.285)	0.010 *** (8.064)	0.010 *** (8.064)
supervise	-0.088 (-0.076)	-0.088 (-0.076)	-0.190 (-1.142)	-0.088 (-0.076)
manage	0.013 *** (5.045)	0.013 *** (5.045)	0.013 *** (5.045)	0.176 *** (5.716)
committee	0.317 * (2.180)	0.318 * (2.180)	0.318 * (2.180)	0.317 * (2.180)
scale	0.000 (0.000)	0.000 (0.000)	0.000 (0.000)	0.000 (0.000)
roerate	0.000 (0.001)	0.000 (0.001)	0.000 (0.001)	0.000 (0.001)
indir	-0.006 (-0.020)	-0.006 (-0.020)	-0.006 (-0.020)	-0.006 (-0.020)
pay	0.002 *** (4.002)	0.002 *** (4.002)	0.002 *** (4.002)	0.002 *** (4.002)
party * board		0.557 *** (8.285)		
party * supervise			0.278 *** (4.143)	
party * manage				0.189 *** (6.717)
_cons	1.133 *** (4.300)	5.864 *** (70.554)	0.020 *** (17.119)	0.000 *** (5.101)
年份	控制	控制	控制	控制
地区	控制	控制	控制	控制
行业	控制	控制	控制	控制
n	4738	4738	4738	4738

续表

	(1) value	(2) value	(3) value	(4) value
hausman	5.92	5.91	5.91	5.29
sigma_u	1.557	1.560	1.560	1.557
sigma_e	5.610	5.611	5.611	5.610
rho	0.071	0.072	0.072	0.071

结合表 2 ~ 表 6 的实证分析还发现股权集中度、z 与资本保值增值率负相关，说明国有股权比例越高，第一大股东与第二大股东股权比例差距越大，越不利于资本保值增值率的提升。监事会人数与资本保值增值率负相关，但多数不显著，独立董事比例亦是如此，这说明中国特色的监事会和独立董事制度并未发挥有效作用。董事会人数、高管人数、委员会个数、员工人数、净资产收益率增值率和董事、监事及高管薪酬越高，越有利于提升资本保值增值率。

6. 稳健性检验

《中国共产党章程》第三十条规定："企业……凡是有正式党员三人以上的，都应当成立党的基层组织。"所以党组织建设应该属于外生变量，尤其是国有企业几乎都成立了党组织，因此国有企业党组织建设的内生性问题并不突出，所以这里只是进行稳健性检验，不需要考虑党组织建设的内生性问题。稳健性检验具体的做法如下：一是替换不同的指标验证结果的稳定性，在这里替换了三个绩效指标，分别是净资产收益率、总资产净利润率和托宾 Q 值；二是从不同角度分类验证结果的稳定性，这里区分了中央国有企业和地方国有企业；三是减少样本数量，只选取 2019 年的样本重新验证。

（1）替换三个绩效指标进行稳健性检验。为了研究党组织嵌入公司治理结构的效果，在稳健性检验部分，考察了对净资产收益率、总资产净利润率和托宾 Q 值的影响，结果见表 7 ~ 表 9（为节省篇幅，后面的表格都省略了控制变量部分），结果发现表 7 列（1）boardcoincid 和 board * boardcoincid，列（2）的 boardrate、board * boardrate，列（3）的 superviscoincid、supervisco * supervise，列（4）的 supervisrate、supervisrate * supervise，列（5）的 managecoincid、managecoin * manage，列（6）的 managerate、managerate * manage，列（7）的 inspectcoincid、inspectcoi * board，列（8）的 party、party * board 系数几乎都显著为正，表 8 和表 9 各项系数符号也有类似表现，不再赘述，总之党组织嵌入公司治理结构对这三个绩效指标都有显著正向影响，与上文资本保值增值率的研究结果差不多，这说明党组织建设确实发挥了"把方向、管大局、保落实"的领导作用，不仅仅在资产保值增值方面取得了效果，还在提升绩效上面也有所改进，但是需要注意，表 1 的基本统计量显示国有企业绩效并不高，说明国有企业绩效还需继续改善。

表 7　党组织嵌入公司治理结构对净资产收益率的回归结果

	(1) roe	(2) roe	(3) roe	(4) roe	(5) roe	(6) roe	(7) roe	(8) roe
boardcoincid	0.050***							
	(5.175)							
board * boardcoincid	0.005***							
	(4.018)							
equityconcen	-0.006*	-0.006*	-0.006*	-0.006*	-0.006*	-0.006	-0.006*	-0.006*
	(-0.004)	(-0.004)	(-0.004)	(-0.004)	(-0.003)	(-0.003)	(-0.004)	(-0.003)
boardrate		0.000***						
		(7.004)						

续表

	(1) roe	(2) roe	(3) roe	(4) roe	(5) roe	(6) roe	(7) roe	(8) roe
board * boardrate		0. 000 ** (3. 08)						
superviscoincid			0. 050 *** (5. 117)					
supervisco * supervise			0. 009 *** (4. 021)					
supervisrate				0. 003 *** (5. 006)				
supervisrate * supervise				0. 001 *** (5. 001)				
managecoincid					0. 095 ** (3. 041)			
managecoin * manage					0. 007 ** (3. 005)			
managerate						0. 023 ** (3. 010)		
managerate * manage						0. 002 ** (3. 001)		
inspectcoincid							0. 424 *** (3. 538)	
inspectcoi * board							0. 063 *** (4. 139)	
party								0. 983 *** (41. 360)
party * board								0. 128 *** (4. 857)
n	4738	4738	4738	4738	4738	4738	4738	4738
hausman	67. 39 ***	67. 32 ***	68. 16 ***	68. 01 ***	75. 31 ***	74. 94 ***	68. 29 ***	66. 72 ***
sigma_u	0. 000	0. 000	0. 000	0. 000	0. 000	0. 000	0. 000	0. 000
sigma_e	3. 553	3. 553	3. 553	3. 553	3. 545	3. 545	3. 553	3. 553
rho	0. 000	0. 000	0. 000	0. 000	0. 000	0. 000	0. 000	0. 000

表 8　　党组织嵌入公司治理对总资产净利润率的面板回归结果

	(1) roa	(2) roa	(3) roa	(4) roa	(5) roa	(6) roa	(7) roa	(8) roa
boardcoincid	0. 010 *** (4. 001)							
board * boardcoincid	0. 010 *** (5. 003)							
boardrate		0. 001 *** (3. 015)						
board * boardrate		0. 001 *** (5. 273)						
superviscoincid			0. 012 *** (0. 001)					
supervisco * supervise			0. 031 *** (5. 030)					
supervisrate				0. 011 *** (4. 040)				
supervisrate * supervise				0. 008 *** (3. 000)				
managecoincid					0. 001 ** (2. 100)			
managecoin * manage					0. 001 *** (5. 011)			
managerate						0. 000 *** (4. 056)		
managerate * manage						0. 001 *** (5. 032)		
inspectcoincid							0. 001 *** (7. 002)	
inspectcoi * board							0. 001 *** (6. 011)	
party								0. 010 *** (6. 136)
party * board								0. 001 *** (5. 016)
n	4738	4738	4738	4738	4738	4738	4738	4738
hausman	152. 5 ***	151. 7 ***	153. 3 ***	151. 3 ***	149. 6 ***	153. 7 ***	147. 8 ***	148. 2 ***
sigma_u	0. 012	0. 012	0. 012	0. 012	0. 012	0. 012	0. 012	0. 012
sigma_e	0. 010	0. 010	0. 010	0. 010	0. 010	0. 010	0. 010	0. 010
rho	0. 570	0. 570	0. 570	0. 571	0. 571	0. 572	0. 571	0. 570

表 9　　党组织嵌入公司治理结构对托宾 Q 的面板回归结果

	(1) tob	(2) tob	(3) tob	(4) tob	(5) tob	(6) tob	(7) tob	(8) tob
boardcoincid	−0. 272 * (−2. 148)							
board * boardcoincid	0. 023 *** (4. 015)							
boardrate		0. 005 *** (8. 003)						
board * boardrate		0. 003 *** (4. 201)						
superviscoincid			0. 021 *** (7. 104)					
supervisco * supervise			0. 005 *** (5. 018)					
supervisrate				0. 002 *** (5. 005)				
supervisrate * supervise				0. 001 *** (3. 001)				
managecoincid					0. 059 *** (4. 032)			
managecoin * manage					0. 009 ** (2. 004)			
managerate						0. 014 ** (2. 107)		
managerate * manage						0. 002 ** (2. 001)		
inspectcoincid							0. 486 *** (6. 377)	
inspectcoi * board							0. 071 *** (7. 092)	
party								4. 927 *** (19. 500)
party * board								0. 612 *** (3. 290)
n	4738	4738	4738	4738	4738	4738	4738	4738
hausman	120. 3 ***	119. 1 ***	119. 1 ***	119. 1 ***	120. 62 ***	130. 34 ***	119. 67 ***	117. 80 ***
sigma_u	10. 463	10. 463	10. 452	10. 454	10. 490	10. 555	10. 440	10. 424
sigma_e	1. 498	1. 498	1. 499	1. 498	1. 497	1. 498	1. 498	1. 499
rho	0. 980	0. 980	0. 980	0. 980	0. 980	0. 980	0. 980	0. 980

(2) 从不同角度分类验证结果的稳定性。在官员“晋升锦标赛”制度之下，考虑到中央国有企业和地方国有企业终极控制人的激励机制不同，所以对此再分类考察，结果见表 10 和表 11。从表 10 和表 11 的实证结果发现符号与前文结果类似，即党组织不但对资本保值增值率有直接促进作用，还通过嵌入公司治理结构发挥了正向调节作用，所以不再赘述。还可以发现中央国有企业党组织嵌入公司治理结构的效果与地方国有企业相比难分伯仲。比如 boardcoincid 和 board * boardcoincid 的系数，表 10 分别为 0.11 和 0.01，而表 11 为 0.111 和 0.009；boardrate 和 board * boardrate 的系数，表 10 分别为 0.01 和 0.01，而表 11 为 0.005 和 0.001，这里都是中央高于地方。但是 superviscoincid 和 supervisco * supervise 的系数，表 10 分别为 0.01 和 0.01，而表 11 为 0.109 和 0.014，地方强于中央，这些都从侧面说明无论是中央国有企业还是地方国有企业，自党的十八大全面从严治党以来，都非常重视本企业的党组织建设，从而切实发挥了“把方向、管大局、保落实”的领导作用。

表 10　　中央国有企业党组织嵌入公司治理结构的实证结果

	(1) value	(2) value	(3) value	(4) value	(5) value	(6) value	(7) value	(8) value
boardcoincid	0.11 *** (4.32)							
board * boardcoincid	0.01 *** (4.03)							
boardrate		0.01 *** (7.02)						
board * boardrate		0.01 *** (4.56)						
superviscoincid			0.01 *** (8.12)					
supervisco * supervise			0.01 *** (3.02)					
supervisrate				0.01 *** (6.61)				
supervisrate * supervise				0.01 *** (3.01)				
managecoincid					0.01 *** (4.23)			
managecoin * manage					0.01 *** (5.31)			
managerate						0.01 *** (8.01)		
managerate * manage						0.01 *** (3.30)		
inspectcoincid							0.10 *** (7.55)	

续表

	(1) value	(2) value	(3) value	(4) value	(5) value	(6) value	(7) value	(8) value
inspectcoi * board							0.01*** (5.69)	
party								1.88*** (22.24)
party * board								0.24** (2.61)
n	1057	1057	1057	1057	1057	1057	1057	1057
hausman	7.04	2.65	2.52	3.15	3.96	3.80	2.72	1.96
sigma_u	1.56	0.00	0.00	0.00	0.00	0.00	0.00	0.00
sigma_e	5.61	2.00	2.00	2.00	2.00	2.00	2.00	2.00
rho	0.07	0.00	0.00	0.00	0.00	0.00	0.00	0.00

表11　　地方国有企业党组织嵌入公司治理结构的实证结果

	(1) value	(2) value	(3) value	(4) value	(5) value	(6) value	(7) value	(8) value
boardcoincid	0.111*** (3.321)							
board * boardcoincid	0.009*** (3.032)							
boardrate		0.005*** (4.017)						
board * boardrate		0.001*** (4.002)						
superviscoincid			0.109*** (5.291)					
supervisco * supervise			0.014*** (5.053)					
supervisrate				0.001*** (0.016)				
supervisrate * supervise				0.001*** (5.004)				
managecoincid					0.109*** (8.100)			
managecoin * manage					0.008*** (4.012)			
managerate						0.034*** (5.023)		

续表

	(1) value	(2) value	(3) value	(4) value	(5) value	(6) value	(7) value	(8) value
managerate * manage						0.003*** (5.003)		
inspectcoincid							1.045*** (6.316)	
inspectcoi * board							0.247*** (7.345)	
party								0.001* (1.89)
party * board								0.003*** (3.084)
n	3681	3681	3681	3681	3681	3681	3681	3681
hausman	7.04	2.65	11.78	12.51	10.15	10.91	13.53	10.24
sigma_u	1.558	0.000	1.522	1.521	1.516	1.499	1.532	1.517
sigma_e	5.610	2.000	6.394	6.393	6.394	6.394	6.390	6.392
rho	0.072	0.000	0.054	0.054	0.053	0.052	0.054	0.053

（3）减少样本数量，只选取2019年的样本重新验证，实证分析结果与前文分析雷同，为节约篇幅，结果不再展示。

四、主要结论

全面从严治党是党的十八大以来党中央做出的重大战略部署，习近平多次强调坚持党的领导、加强党的建设是国有企业的“根”和“魂”，中国国有企业制度的“特色”就是把党组织内嵌到公司治理结构之中。本文从“管资本就要管党建”的顶层设计逻辑，研究了党组织嵌入公司治理结构对资本保值增值率的作用机理和影响效果。其机理是中国特色的政治、经济和文化基础，其途径是通过“双向进入、交叉任职”的方式进入了董事会、监事会、经理层和纪委，通过党组织的前置决策程序切实发挥了“把方向、管大局、保落实”的领导作用。

实证分析发现，在“双向进入”角度，国有企业的党委与董事会的重合人数（比例）、党委与监事会的重合人数（比例）、党委与经理层重合人数（比例）不但直接提高了资本保值增值率，还通过嵌入董事会、监事会和经理层间接促进了资本保值增值率的提高。在“单向进入”角度，国有企业的党委与纪委重叠人数虽然对资本保值增值率没有产生直接有效作用，但能通过与董事会、监事会、经理层和委员会规模的交叉项间接改善资本保值增值率。在“交叉任职”角度，董事长兼任党委书记可以充分发挥“把方向、管大局、保落实”的领导作用，直接和间接通过对董事会、监事会和经理层施加影响，促进资本保值增值率的提高，且间接作用是董事会最强，监事会次之，经理层最弱。本文还替换了绩效变量、区分了中央和地方国有企业，以及缩减样本进行稳健性检验，发现上述实证结论几乎一致，故本文结论具有稳健性。

本研究揭示了国有企业党组织基于中国特色的政治、经济和文化基础，通过“双向进入、交叉任职”的方式嵌入了公司治理结构，并有效发挥了“把方向、管大局、保落实”的领导作用，印证了政府除了可以通过资源配置和人事任免直接干预国有企业以外，还可以通过“党组织”这一桥梁润物细无声地影响企业内部的日常生产经营活动，将其纳入国有企业改革发展的大局，这为理解中国特色的政企关系提供了更为细致的线索，并对当前国企改革的深化和推进有着重要的理论和政策含义。

参考文献

［1］陈仕华、卢昌崇：《国有企业党组织的治理参与能够有效抑制并购中的“国有资产流失”吗?》，载《管理世界》2014 年第 5 期。

［2］程海艳、李明辉、王宇：《党组织参与治理对国有上市公司盈余管理的影响》，载《中国经济问题》2020 年第 2 期。

［3］代彬、谈星辰、刘星：《党组织嵌入能否遏制国企高管自利行为?——来自中国国有上市公司的经验证据》，载《西部论坛》2020 年第 6 期。

［4］郭宏、李婉丽、高伟伟《政治治理、管理层权力与国有企业过度投资》，载《管理工程学报》2019 年第 12 期。

［5］刘福广、崔婧、徐静：《国有控股公司党组织嵌入治理影响结构效能的路径研究》，载《北京联合大学学报（人文社会科学版）》2019 年第 2 期。

［6］柳学信、孔晓旭、王凯：《国有企业党组织治理与董事会异议——基于上市公司董事会决议投票的证据》，载《管理世界》2020 年第 5 期。

［7］马连福、王元芳、沈小秀：《中国国有企业党组织治理效应研究——基于“内部人控制”的视角》，载《中国工业经济》2012 年第 8 期。

［8］马连福、王元芳、沈小秀：《国有企业党组织治理、冗余雇员与高管薪酬契约》，载《管理世界》2013 年第 5 期。

［9］毛志宏、魏延鹏：《党组织嵌入对信息透明度的影响研究——来自国有企业的经验证据》，载《软科学》2020 年第 7 期。

［10］强舸：《国有企业党组织如何内嵌公司治理结构?——基于“讨论前置”决策机制的实证研究》，载《经济社会体制比较》2018 年第 4 期。

［11］王中超、周绍妮：《党组织治理与国有企业创新绩效》，载《会计之友》2020 年第 16 期。

［12］程博、宣扬、潘飞：《国有企业党组织治理的信号传递效应——基于审计师选择的分析》，载《财经研究》2017 年第 3 期。

［13］郝云宏、马帅：《分类改革背景下国有企业党组织治理效果研究——兼论国有企业党组织嵌入公司治理模式选择》，载《当代财经》2018 年第 6 期。

［14］黄文锋、张建琦、黄亮：《国有企业董事会党组织治理、董事会非正式等级与公司绩效》，载《经济管理》2017 年第 3 期。

［15］李维安等：《中国国有企业行政经济型治理：模式与展望》，载《财务管理研究》2019 年第 1 期。

［16］严若森、吏林山：《党组织参与公司治理对国企高管隐性腐败的影响》，载《南开学报（哲学社会科学版）》2019 年第 1 期。

［17］周婷婷：《国企高管腐败、风险信息与责任承担——基于党组织甄别免责动机的视角》，载《财贸研究》2016 年第 6 期。

【国有企业党建与治理】

论国有企业加强党的领导和完善公司治理相统一

刘建华　张　爽　李　昕*

［摘　要］国有企业加强党的领导和完善公司治理相统一，是对习近平总书记在全国国有企业党的建设工作会议上提出的“两个一以贯之”的具体践行。马克思和恩格斯关于无产阶级国家以社会的名义占有生产资料的理论已被一百多年来的国际共产主义运动特别是中国革命的伟大实践所证实。新中国成立后，党的领导和企业治理组织形式经历了“老三会”+“两参一改三结合”和“老三会”+“新三会”。党的十四届三中全会开始出现“企业中的党组织要发挥政治核心作用”提法，党的十八大后国有企业加强党的领导和完善公司治理相统一的理论逻辑最终确立。这对于我国全面深化改革、构建高水平社会主义市场经济体制有着重要的理论意义和实践意义。

［关键词］剥夺剥夺者；国有企业；老三会、新三会；现代企业制度；共产党领导；公司治理

2021年是我国“十四五”规划开局之年，是落实《国企改革三年行动方案（2020—2022年）》的关键一年。落实三年行动方案，必须把国有企业加强党的领导和完善公司治理相统一当作重要抓手来把握。这是对习近平总书记2016年10月在全国国有企业党的建设工作会议上提出的“两个一以贯之”的具体践行。也就是说，把国有企业加强党的领导和完善公司治理统一起来，才能一以贯之地坚持党对国有企业的领导这一重大政治原则，才能一以贯之地坚持建立现代企业制度这一国有企业改革的方向。

一、国有企业加强党的领导和完善公司治理相统一的理论渊源

马克思和恩格斯在领导国际共产主义运动过程中，在批判资产阶级政治经济学的同时，同各种机会主义者进行了针锋相对的斗争，坚决地驳斥了他们的反动主张，创立了真正革命的科学社会主义经济理论，得出了无产阶级国家以社会的名义占有生产资料的结论，从而引导国际共产主义运动沿着正确的轨道前进，这也成为国有企业加强党的领导和完善公司治理相统一的理论渊源。具体体现在以下三方面：

（一）无产阶级革命和无产阶级专政是社会主义公有制建立的政治前提

无产阶级革命和无产阶级专政的原理是科学社会主义区别于空想社会主义的根本标志，是马克思主义同各种机会主义的分水岭。空想社会主义者根本不了解无产阶级革命和无产阶级专政是过渡到社会主义的根本途径，机会主义者却极力反对无产阶级革命和无产阶级专政，鼓吹改良主义，反对无产阶级通过暴力革命消灭资本主义制度，建立社会主义制度。对此，恩格斯明确指出共产主义者的三点

＊ 刘建华，经济学博士，吉林大学中国国有经济研究中心兼职研究员，吉林财经大学全国中国特色社会主义政治经济学研究中心研究员，吉林外国语大学吉林国际战略研究院院长、国际商学院教授（长春，130117）；张爽，吉林大学经济学院在读博士，吉林财经大学马克思主义学院助教（长春，130117）；李昕，经济学硕士，吉林外国语大学国际商学院讲师（长春，130117）。

宗旨："（1）维护同资产者利益相反的无产者的利益；（2）用消灭私有制而代之以财产公有的手段来实现这一点；（3）除了进行暴力的民主的革命以外，不承认有实现这些目的的其他手段。"① 这一思想在马克思和恩格斯合著《共产党宣言》中进一步发挥："共产党人可以把自己的理论概括为一句话：消灭私有制。" 无产阶级在夺取政权以后，"将利用自己的政治统治，一步一步地夺取资产阶级的全部资本，把一切生产工具集中在国家即组织成为统治阶级的无产阶级手里，并且尽可能快地增加生产力的总量"。② 这就明确表明，无产阶级在夺取政权以后要凭借无产阶级革命和无产阶级专政，推翻资本主义私有制，建立社会主义公有制，在这个基础上迅速发展社会主义经济。恩格斯还根据巴黎公社的经验，强调无产阶级革命胜利后，必须对资产阶级实行无产阶级专政，摧毁资本主义经济基础。"不进行这种革命，整个胜利最后就一定归于失败，工人就会大批遭到屠杀，巴黎公社以后的情形就是这样。"③ 巴黎公社之所以失败，一个重要原因就是在经济改造方面缺乏革命性有力措施，特别是没有没收法兰西银行，使资产阶级得以资助反革命力量对新生无产阶级政权进行疯狂反扑。

可见，马克思和恩格斯已经明确论述了无产阶级革命和无产阶级专政对于建立和发展社会主义经济制度的重要意义。无产阶级革命和无产阶级专政，一是要无产阶级夺取政权，对被推翻但仍存在的资产阶级在政治上实行统治；二是消灭私有制，要凭借强大的国家机器改造社会经济条件，消灭阶级赖以存在的基础。而这也是新中国成立后，经过过渡时期，实行没收官僚资本、和平赎买民族资本的政策，建立社会主义全民所有制，即国家代表人民占有归全民所有的生产资料的理论依据。到 1956 年底，全国绝大部分地区基本完成了对生产资料私有制的社会主义改造，建立了全民所有制和集体所有制，全民所有制采取了国家所有制形式。

（二）人的全面发展和剥夺剥夺者是实现社会主义公有制的意义和途径

空想社会主义者在批判资本主义私有制时，曾做出未来社会实行公有制的设想，但是他们没有论证为什么必然实行公有制，更没有提出实现社会主义公有制的现实途径。马克思在《资本论》第一卷中分析了资本的积累过程后，揭示了资本主义积累的历史趋势："资本主义私有制的丧钟就要响了。剥夺者就要被剥夺了。"④ 恩格斯在《反杜林论》中指出了对资本主义生产方式进行社会变革对社会发展具有决定性意义："把生产资料从这种桎梏下解放出来，是生产力不断地加速发展的唯一先决条件，因而也是生产本身实际上无限增长的唯一先决条件。但是还不止于此。生产资料由社会占有，不仅会消除生产的现存的人为障碍，而且还会消除生产力和产品的有形的浪费和破坏……通过社会生产，不仅可能保证一切社会成员有富足的和一天比一天充裕的物质生活，而且还可能保证他们的体力和智力获得充分的自由的发展和运用，这种可能性现在是第一次出现了。"⑤

关于实现社会主义公有制的途径，首先，马克思和恩格斯彻底否定了空想社会主义者幻想通过提出某种理想方案，说服富人自动放弃私有财产来实现公有制的荒谬主张。他们针锋相对地指出，对资本家及其他剥削者的私有财产，必须借助无产阶级革命和无产阶级专政实行强制地剥夺，变资本主义的私有制为社会主义的公有制。"资本主义生产方式日益把大多数居民变为无产者，从而就造成一种在死亡的威胁下不得不去完成这个变革的力量。这种生产方式日益迫使人们把大规模的社会化的生产资料变为国家财产，因此它本身就指明完成这个变革的道路。无产阶级将取得国家政权，并且首先把

① 恩格斯：《恩格斯致布鲁塞尔共产主义通讯委员会》，引自《马克思恩格斯全集》第 27 卷，人民出版社 1972 年版，第 71 页。

② 马克思、恩格斯：《共产党宣言》，引自《马克思恩格斯选集》第 1 卷，人民出版社 1995 年版，第 286、293 页。

③ 恩格斯：《恩格斯致菲·范派顿》，引自《马克思恩格斯选集》第 4 卷，人民出版社 1995 年版，第 656 ~ 657 页。

④ 马克思：《资本论》第 1 卷，引自《马克思恩格斯全集》第 23 卷，人民出版社 1972 年版，第 831 ~ 832 页。

⑤ 恩格斯：《反杜林论》，引自《马克思恩格斯选集》第 3 卷，人民出版社 1995 年版，第 633 页。

生产资料变为国家财产。”① 这种国家财产就是无产阶级国家以社会的名义占有的生产资料。其次，马克思和恩格斯指出了变资本主义私有制为社会主义公有制的基本途径。恩格斯指出：“我们的党一旦掌握了国家政权，就应该干脆地剥夺大土地占有者，就像剥夺工厂主一样。这一剥夺是否要用赎买来实行……马克思曾向我讲过（并且讲过好多次!）他的意见：假如我们能赎买下这整个匪帮，那对于我们最便宜不过了。”② 可见，马克思和恩格斯所规定的变资本主义私有制为社会主义公有制的基本途径，就是无产阶级夺取政权后“剥夺剥夺者”，而对剥夺者的剥夺有两种办法，即强制没收和在一定条件下实行赎买。这是把原则的坚定性和策略的灵活性相结合的正确理论和政策，已被100多年来的国际共产主义运动特别是中国革命的伟大实践所证实。

（三）劳动者联合劳动和国家计划管理是组织和管理社会主义经济的原则

社会主义公有制建立起来之后，如何在这个基础上组织和管理社会主义经济，是国际共产主义运动必须面对且需要予以正确回答的一个重要课题。恩格斯在《共产主义原理》中指出：“这种新的社会制度，首先必须剥夺相互竞争的个人对工业和一切生产部门的经营权，而代之以所有这些生产部门由整个社会来经营，就是说，为了共同的利益、按照共同的计划、在社会全体成员的参加下来经营。这样，这种新的社会制度将消灭竞争，而代之以联合。”③ 这里，一方面，恩格斯提出了组织和管理社会主义经济的两个原则：消灭以私有制为基础的竞争和无政府状态，对经济实行统一的领导和有计划的管理；剥夺个人或少数人的专制，让所有成员都参加民主管理。另一方面，恩格斯提出了在以社会化大生产为基础的公有制企业中人们进行联合劳动，需要建立合理的规章制度。这两方面就是后来社会主义实行的经济计划化和全民所有制企业的民主管理形式，即厂长（经理）负责制和职工代表大会制相结合的形式。

在和德国机会主义者杜林的论战中，恩格斯又提出了计划经济和计划管理问题。他指出，在社会主义社会，由于建立了以生产资料公有制为基础的社会主义经济，“社会生产内部的无政府状态将为有计划的自觉的组织所代替。……人们周围的、至今统治着人们的生活条件，现在受到人们的支配和控制，人们第一次成为自然界的自觉的和真正的主人，因为他们已经成为自己的社会结合的主人了”。④ 可见，恩格斯论证了社会主义实行计划经济和计划管理的重要意义，其可以使人们摆脱受生产资料奴役的状况，能够自觉地创造自己的历史，使社会生产能够按比例和高速度地发展。

综上所述，我们通过无产阶级革命和无产阶级专政建立了社会主义制度。我们无产阶级国家通过没收官僚资本及和平赎买民族资本，以社会的名义占有生产资料，建立了全民所有制；我们实现公有制的目的是为了解放生产力、保证人的全面发展；我们以劳动者联合劳动和国家计划管理确立了组织和管理社会主义经济的原则。由此，马克思和恩格斯关于无产阶级国家以社会的名义占有生产资料的理论已被100多年来的国际共产主义运动特别是中国革命的伟大实践所证实。

二、我国国有企业加强党的领导和完善公司治理相统一的历史进路

过渡时期结束后，我国进入了社会主义社会，社会主义公有制建立起来。社会主义公有制采取全民所有制和集体所有制两种基本形式。从全民所有制来看，其本质规定性就是全体劳动人民共同占有生产资料的一种公有制形式，其范围包括矿藏、水流和属于全民所有的土地、森林等其他自然资源，以及属于全民所有的工厂、农场、交通运输业、银行、商业企业等全民财产。全民所有制企业也称

---

① 恩格斯：《反杜林论》，引自《马克思恩格斯选集》第3卷，人民出版社1995年版，第630页。

② 恩格斯：《德法农民问题》，引自《马克思恩格斯选集》第4卷，人民出版社1995年版，第503页。

③ 恩格斯：《共产主义原理》，引自《马克思恩格斯选集》第1卷，人民出版社1995年版，第237页。

④ 恩格斯：《反杜林论》，引自《马克思恩格斯选集》第3卷，人民出版社1995年版，第633～634页。

“社会主义国营企业”（1993年之前）。下面本文按照研究主题探讨在全民所有制企业中，党的领导和企业治理是怎样实现的。①

1. 过渡时期到改革开放前：党的领导和企业治理组织形式为“老三会”+“两参一改三结合”

如前所述，过渡时期通过没收官僚资本、和平赎买民族资本，社会主义全民所有制采取社会主义国家所有制的形式、社会主义全民所有制企业采取社会主义国营企业的形式。在全民所有制企业或国营企业中，由党委会、职工代表大会和工会构成统一的企业治理机构（即“老三会”）。

1960年3月，毛泽东在中共中央批转《鞍山市委关于工业战线上的技术革新和技术革命运动开展情况的报告》的批示中，提出了“两参一改三结合”（干部参加劳动，工人参加管理，改革不合理的规章制度；工人群众、领导干部和技术人员三结合）的企业民主管理制度，以期有效地调整人与人的生产关系来促进生产力的发展。

2. 改革开放后：党的领导和企业治理组织形式为“老三会”+“新三会”，及向加强党的领导和完善公司治理相统一的过渡

全民所有制企业或国营企业为新中国国民经济的恢复和大规模社会主义建设以及工业化发展做出了巨大贡献。然而随着世界范围内新技术革命的兴起，其管理方式落后、活力不足的缺点暴露出来。1978年12月22日通过的《中国共产党第十一届中央委员会第三次全体会议公报》指出，“现在我国经济管理体制的一个严重缺点是权力过于集中，应该有领导地大胆下放，……应该坚决实行按经济规律办事，重视价值规律的作用，注意把思想政治工作和经济手段结合起来，充分调动干部和劳动者的生产积极性；应该在党的一元化领导之下，认真解决党政企不分、以党代政、以政代企的现象，实行分级分工分人负责，加强管理机构和管理人员的权限和责任”。②

1984年10月20日党的十二届三中全会通过的《中共中央关于经济体制改革的决定》指出：“增强企业活力是经济体制改革的中心环节。”“围绕这个中心环节，主要应该解决好两个方面的关系问题，即确立国家和全民所有制企业之间的正确关系，扩大企业自主权；确立职工和企业间的正确关系，保证劳动者在企业中的主人翁地位。”

以上文件初步强调了市场经济条件下国有企业的组织和管理问题。1993年11月，党的十四届三中全会通过的《中共中央关于建立社会主义市场经济体制若干问题的决定》提出了“建立现代企业制度，是发展社会化大生产和市场经济的必然要求，是我国国有企业改革的方向”，并且超越“所有权和经营权的分离”提出了新的两权分离，即“出资者所有权与企业法人财产权的分离”。特别是在“改革和完善企业领导体制和组织管理制度”中提出了“企业中的党组织要发挥政治核心作用”。在1997年9月党的十五大报告中又进一步强调“要加强科学管理，探索符合市场经济规律和我国国情的企业领导体制和组织管理制度”，“要建设好企业领导班子，发挥企业党组织的政治核心作用”。这就为“国有企业加强党的领导和完善公司治理相统一”的理论逻辑的确立奠定了理论基础。

“加强党的领导和完善公司治理相统一”的途径，是“把党的领导融入公司治理各环节”。1999年9月，党的十五届四中全会通过的《中共中央关于国有企业改革与发展若干重大问题的决定》明确：“公司法人治理结构是公司制的核心。要明确股东会、董事会、监事会和经理会的职责，形成各负其责、协调运转、有效制衡的公司法人治理结构。……国有独资和国有控股公司的党委会负责人可以通过法定程序进入董事会、监事会，董事会、监事会都要有职工代表参加；董事会、监事会和经理层及工会中的党员负责人，可依照党章及有关规定进入党委会；党委书记和董事长

① 1992年10月党的十四大报告开始使用“国有企业”一词，继而1993年3月29日第八届全国人民代表大会第一次会议通过的宪法修正案将“国营经济”修改为“国有经济”。2015年8月24日《中共中央、国务院关于深化国有企业改革的指导意见》的第一句话就是“国有企业属于全民所有”。故本文所说的“全民所有制企业”和“国有企业”是同义语，但视语境不同分别使用。

② 本文所引用的党代会文件摘录，均来自中国共产党新闻网内的中国共产党历次全国代表大会数据库，http://cpc.people.com.cn/GB/64162/64168/index.html。以下不再一一注释。

可由一人担任，……党组织按照党章、工会和职代会按照有关法律法规履行职责。”至此，中国公司法人治理结构呈现出“老三会”（党委会、工会和职工代表大会）与“新三会”（股东会、董事会和监事会）并存的特色。

2002年11月党的十六大报告提出“按照现代企业制度的要求，国有大中型企业继续实行规范的公司制改革，完善法人治理结构”；2003年10月十六届三中全会提出“完善公司法人治理结构。按照现代企业制度要求，规范公司股东会、董事会、监事会和经营管理者的权责，完善企业领导人员的聘任制度”。特别应该强调的是，继党的十四届三中全会、十五大之后，党的十六届三中全会又一次提出：“企业党组织要发挥政治核心作用，并适应公司法人治理结构的要求，改进发挥作用的方式，支持股东会、董事会、监事会和经营管理者依法行使职权，参与企业重大问题的决策。”

综上所述，在我国正式进入社会主义社会以来的60多年里，国有企业加强党的领导和完善公司治理相统一的历史前期准备已经完成。

三、我国国有企业加强党的领导和完善公司治理相统一的逻辑确立

党的十八大以后，中国特色社会主义进入新时代，马克思主义政治经济学在中国的发展进入了新时代，国有企业改革也进入了新阶段。进入新时代以来，习近平总书记在国有企业改革理论上与时俱进、不断创新，开拓了国有企业改革的新境界，提出了继续推进国有企业改革的一系列新思想、新观点、新论断。如：国有企业是中国特色社会主义的重要物质基础和政治基础；混合所有制经济是基本经济制度的重要实现形式；建立中国特色现代国有企业制度；分类推进国有企业改革；以管资本为主加强国有资产监管；发挥国有企业党组织的领导核心和政治核心作用等。这就使我国国有企业加强党的领导和完善公司治理相统一的理论逻辑最终确立。

（一）推动国有企业完善现代企业制度，健全协调运转、有效制衡的公司法人治理结构

2013年11月，习近平在《关于〈中共中央关于全面深化改革若干重大问题的决定〉的说明》中指出，“经过多年改革，国有企业总体上已经同市场经济相融合。同时，国有企业也积累了一些问题、存在一些弊端，需要进一步推进改革。全会决定提出一系列有针对性的改革举措”,① 包括：“推动国有企业完善现代企业制度”，“进一步深化国有企业改革”，“健全协调运转、有效制衡的公司法人治理结构”② 等。显然，这是对我国国有企业完善公司治理的最新表述。

2014年3月5日，习近平在参加“两会”上海代表团的审议时表示，国企不仅不能削弱，而且要加强。他同时强调，国有企业加强是在深化改革中通过自我完善，在凤凰涅槃中浴火重生，而不是抱残守缺、不思进取、不思改革，确实要担当社会责任树立良好形象，在推动改革措施上加大力度。③ 这里提到的“国有企业加强”也包含着我国国有企业加强党的领导和完善公司治理相统一之含义。

对于中国而言，具有中国特色的、适合中国国情的公司治理内涵越来越清晰、实施效果越来越明显。2017年9月，《中共中央　国务院关于营造企业家健康成长环境弘扬优秀企业家精神更好发挥企业家作用的意见》出台；2018年5月，中央办公厅、国务院办公厅印发《中央企业领导人员管理规定》强调，要“激发和保护企业家精神，更好发挥企业家作用”。可见，国有企业必须建立科学的企业领导体制和组织管理制度，调节所有者

① 习近平：《关于〈中共中央关于全面深化改革若干重大问题的决定〉的说明》，http：//politics. people. com. cn/n/2013/1115/c70731 - 23559205. html。

② 《中共中央关于全面深化改革若干重大问题的决定》，http：//www. gov. cn/jrzg/2013 - 11/15/content_2528179. htm。

③ 《国企改革：在凤凰涅槃中浴火重生》，http：//jingji. cntv. cn/2014/03/08/ARTI1394280018947895. shtml。

（国家）、经营者（企业家）和员工（职工）之间的关系，形成激励和约束相结合的法人治理体系或结构以提升治理能力和效果。

（二）深化国有企业改革必须坚持党的领导

2015年9月20日，中共中央办公厅印发了《关于在深化国有企业改革中坚持党的领导加强党的建设的若干意见》，对在深化国有企业改革中坚持党的领导、加强党的建设提出要求、做出部署，提出“把加强党的领导和完善公司治理统一起来，明确国有企业党组织在公司法人治理结构中的法定地位”，为我国在加快建立中国特色现代国有企业制度进程中正确处理党组织与公司治理结构的关系指明了方向。

2015年11月23日，习近平在十八届中共中央政治局第二十八次集体学习时做了题为《不断开拓当代中国马克思主义政治经济学新境界》的重要讲话。在讲话中习近平指出：“我国基本经济制度是中国特色社会主义制度的重要支柱，也是社会主义市场经济体制的根基，公有制主体地位不能动摇，国有经济主导作用不能动摇。这是保证我国各族人民共享发展成果的制度性保证，也是巩固党的执政地位、坚持我国社会主义制度的重要保证。”在这里，“公有制主体地位不能动摇，国有经济主导作用不能动摇”也是我国国有企业加强党的领导和完善公司治理相统一的制度保证，还包括这样的含义：即使实行了公司制的国有企业也要巩固党的执政地位，也必须加强党的领导。

（三）国有企业加强党的领导和完善公司治理是不可分割的两个方面

2015年8月，《中共中央、国务院关于深化国有企业改革的指导意见》（以下称《意见》）出台。《意见》强调：“国有企业属于全民所有，是推进国家现代化、保障人民共同利益的重要力量，是我们党和国家事业发展的重要物质基础和政治基础。”《意见》对国有企业加强党的领导和完善公司治理都有规定：一方面，把“坚持党对国有企业的领导”作为深化国有企业改革的一项基本原则提出来。认为这是深化国有企业改革必须坚守的政治方向、政治原则。强调要充分发挥企业党组织的政治核心作用，加强企业领导班子建设，创新基层党建工作，深入开展党风廉政建设，坚持全心全意依靠工人阶级，维护职工合法权益，为国有企业改革发展提供坚强有力的政治保证、组织保证和人才支撑。另一方面，要求健全公司法人治理结构。重点是推进董事会建设，建立健全权责对等、运转协调、有效制衡的决策执行监督机制，规范董事长、总经理行权行为，充分发挥董事会的决策作用、监事会的监督作用、经理层的经营管理作用、党组织的政治核心作用，切实解决一些企业董事会形同虚设、“一把手”说了算的问题，实现规范的公司治理。

特别值得注意的是《意见》在第七条“加强和改进党对国有企业的领导”中再次强调充分发挥国有企业党组织政治核心作用之后，提出“把加强党的领导和完善公司治理统一起来”，将党建工作总体要求纳入国有企业章程，明确国有企业党组织在公司法人治理结构中的法定地位，创新国有企业党组织发挥政治核心作用的途径和方式。

2016年10月，习近平总书记在全国国有企业党的建设工作会议上指出，中国特色现代国有企业制度，“特”就特在把党的领导融入公司治理各环节，把企业党组织内嵌到公司治理结构之中，明确和落实党组织在公司法人治理结构中的法定地位。

随着国有企业加强党的领导和完善公司治理相统一的逐渐法律法规化，至2017年10月，党的十九大通过的《中国共产党章程（修正案）》第五章“党的基层组织”中特别提到：“国有企业党委（党组）发挥领导作用”，“保证监督党和国家的方针、政策在本企业的贯彻执行”；“支持股东会、董事会、监事会和经理（厂长）依法行使职权；全心全意依靠职工群众，支持职工代表大会开展工作；参与企业重大问题的决策”等准则和规定。2019年12月，中共中央发布《中国共产党国有企业基层组织工作条例（试行）》，又具体提出国有企业党组织工作应当遵循以下原则：坚持加强党的领导和完善公司治理相统一，把党的领导融入公司治理各环节；坚持党建工作与生产经营深度融合，以企业改革发展成果检验党组织工作成效；坚持党管干部、党管人才，培养高素质专业化企业领导人员队伍和人才队伍；坚持抓基层打基础，突出党支部建设，增强基层党组织生机活力；坚持全心全意依靠工人阶级，体现企业职工群众主人翁地位，巩固党执政的阶级基础。[①] 这些原则显然是对《中国共产党章程》中“国有企业党委（党组）发挥领导作用”等准则和规定的进一步具体化。

2020 年 10 月，党的十九届五中全会在《中共中央关于制定国民经济和社会发展第十四个五年规划和二〇三五年远景目标的建议》中，提出了“加快完善中国特色现代企业制度”。由此我们看到，建立“产权清晰、权责明确、政企分开、管理科学”的现代企业制度，已经升级演化到建立“把党的领导融入公司治理各环节，把企业党组织内嵌到公司治理结构之中”的“中国特色现代企业制度”。

四、结语

国有企业加强党的领导和完善公司治理相统一具有重要意义。它符合社会主义国有企业性质，回答和解决了在社会主义市场经济条件下健全国有企业法人治理结构的一个重要问题，即“坚持党的领导与尊重市场规律不是对立的，而是相互补充、相互结合、相互促进的”。[②] 目前，我国已开启全面建设社会主义现代化国家新征程。从全面深化改革、构建高水平社会主义市场经济体制的角度看，国有企业加强党的领导和完善公司治理相统一，实现了有效市场和有为政府更好结合，既充分发挥了市场在资源配置中的决定性作用，又更好地发挥了政府的作用，是处理好政府和市场关系在中国特色社会主义建设中的具体化，充分体现了社会主义制度的优越性。正如习近平总书记指出的：“我国实行的是社会主义市场经济体制，仍然要坚持发挥社会主义制度的优越性、发挥党和政府的积极作用。”[③] 国有企业加强党的领导和完善公司治理相统一，还为在“十四五”规划期间加快完善中国特色现代企业制度奠定了制度基础，提供了理论依据和实践经验。

参考文献

[1]《中共中央、国务院关于深化国有企业改革的指导意见》，http：//www. gov. cn/zhengce/2015 - 09/13/content_2930440. htm。

[2]《中共中央、国务院关于营造企业家健康成长环境弘扬优秀企业家精神更好发挥企业家作用的意见》，http：//www. gov. cn/gongbao/content/2017/content _ 5230263. htm。

[3]《中共中央办公厅关于在深化国有企业改革中坚持党的领导加强党的建设的若干意见》，http：//politics. people. com. cn/n/2015/0921/c1001 - 27611756. html。

[4] 白津夫：《经济大变局中的国有企业改革》，http：// finance. sina. com. cn/zl/china/2021 - 01 - 14/zl - ikftpnnx 6895845. shtml。

[5] 本书编写组：《党的十九届五中全会〈建议〉学习辅导百问》，党建读物出版社、学习出版社 2020 年版。

[6] 高荣贵：《马克思主义政治经济学的创立》，吉林人民出版社 1980 年版。

[7] 国务院国资委改革办：《国企改革历程 1978 - 2018》（上、下册），中国经济出版社 2019 年版。

[8] 洪银兴：《中国特色社会主义政治经济学理论体系构建》，经济科学出版社 2016 年版。

[9] 黄泰岩：《中国经济热点前沿》（第 11 ~ 17 辑），经济科学出版社 2014 ~ 2020 年版。

[10] 李政、周希禛：《国有企业创新功能的理论逻辑与实现路径》，载《当代经济研究》2020 年第 8 期。

[11] 刘震、林镇阳：《新中国成立 70 年来国有企业战略地位的变迁》，引自《国有经济研究》2020 年第 1 辑，经济科学出版社 2020 年版。

[12] 薛健：《马克思主义理论在当代的价值——兼论在国企改革中实践“加强党的执政能力建设”的战略决策》，载《陕西师范大学学报（哲学社会科学版）》2006 年第 S1 期。

① 《中共中央印发〈中国共产党国有企业基层组织工作条例（试行）〉》，http：//www. xinhuanet. com/ politics/zywj/2020 - 01/05/c_1125423940. htm。

② 张宇：《中国特色社会主义政治经济学》，中国人民大学出版社 2016 年版，第 154 ~ 155 页。

③ 中共中央宣传部：《习近平总书记系列重要讲话读本（2016 年版）》，学习出版社、人民出版社 2016 年版，第 150 页。

［13］岳清唐：《中国国有企业改革发展史（1978－2018）》，社会科学文献出版社2018年版。

［14］中共中央宣传部：《习近平总书记系列重要讲话读本》，学习出版社、人民出版社2014年版。

［15］中共中央宣传部：《习近平总书记系列重要讲话读本》，学习出版社、人民出版社2016年版。

［16］中国共产党新闻网—中国共产党历次全国代表大会数据库，http：//cpc. people. com. cn/GB/64162/64168/index. html。

［17］周万阜：《完善中国特色现代企业制度》，http：//www. rmlt. com. cn/2019/1212/563912. shtml。

【国有企业党建与治理】

做强做优国企对于治理生产过剩的效用*

周志太　姜蒙强**

［摘　要］运用逻辑与历史相统一的研究方法，揭示出新自由主义思潮引起的所有制结构失衡是我国生产过剩严重的根源。只有做强做优国有企业（本文简称为“国企”，下同）才能促进社会总供给与总需求平衡，促进共同富裕和按劳分配，才能有效治理生产过剩。这要求国企与非公有企业由相互对立转向相互参股、相互融合，实现“国民共进、协调发展”；进一步发挥国企的科技创新主力军作用，发挥国企对经济增长的主导与驱动作用，增加有效供给，适应和创造消费需求，带动非公有制经济发展，提高劳动生产率，进而增加劳动收入，促进共同富裕。

［关键词］生产过剩；消费需求；国企；按劳分配；共同富裕

一、我国生产过剩的成因及其危害

（一）学界关于生产过剩的讨论及分歧

我国经济正处于增长驱动换挡期，新驱动缺乏、老驱动不足，因而尽管调控力度与日俱增，但经济增速越调越慢。在对其原因的分析中，李杨、张晓晶（2015）的观点最有代表性。他们认为，人口老龄化以及告别廉价劳动供给的优势，使消费率缓慢提高，储蓄率开始下滑。然而，工资既是劳动力成本，又是消费需求或购买力；工资既有补偿劳动力消耗的功能，更具有激励劳动积极性的作用，促进劳动生产率提高，劳动收入增加会导致需求结构升级从而拉动工业结构升级，促进技术创新替代简单劳动（杨慧宇，2016）。而廉价劳动力虽有利于外延再生产扩大，明显增加少数资产者的利益，但难以有效提升普通工人的工资水平和普通居民的购买力，造成收入两极分化，导致“消费不足—产能过剩—就业减少—收入下降—消费不足—失业—消费更不足”的生产过剩危机。并且，在劳动年龄人口逐年下降的2012～2015年，我国的劳动生产率同比分别提高了7.2%、7.2%、6.9%、6.6%，表明劳动力质量对数量的良性替代。储蓄率下降，消费率提高，不是我国经济增长的负能量，而是正能量。目前，我国存贷款差额已达到40.8万亿元，①储蓄严重过剩。在我国经济增长的“三驾马车”中，短边是消费需求，长边是投资需求，常规投资的边际收益率正在持续下降；相反，2001年以来消费对我国GDP的贡献率平均达49.66%，尤其是2015年、2016年消费对经济增长贡献率达到66.4%、64.6%。世界银行统计，2005～2014年世界平均消费率为78.9%。消费对于我国经济的驱动作用的潜力仍然很大。

生产过剩成因的现有研究，一般基于供给的角度，其中，范林凯等（2015）的分析较为全面，他们生产过剩的原因分为四类：第一，基于产业组织的理论，行业低进入壁垒与高退出壁垒会造成“过度进入”。第二，基于市场体制缺失的现实，

---

* 安徽省哲学社会科学基金重点项目“政府与市场协同创新网络研究”（AHSKZ2019D007）。

** 周志太，经济学博士，淮北师范大学经管学院教授，吉林大学国有经济研究中心兼职研究员（淮北，235000）；姜蒙强，淮北师范大学经管学院硕士研究生（淮北，235000）。

① 中国人民银行：《2021年第一季度中国货币政策执行报告》，http：//www.pbc.gov.cn/zhengcehuobisi/125207/125227/125957/4246985/4246761/index.html。

国企预算“软约束”，地方政府为了政绩而鼓励企业投资。第三，地方政府对当地企业过度补贴、造成过度投资。第四，基于“潮涌”理论，即吸取发达国家的成功经验，发展中国家容易对下一个迅速起飞的产业形成共识，一哄而上、形成产能过剩。其中，第一种和第四种情况中，我国生产过剩行业大多集中在资本密集的重化工业，“进入”壁垒并不低。况且，对钢铁、电解铝等行业的共识并不存在。第二种和第三种情况可归结为市场体制不健全，政府行为不规范。对此，随着我国市场体系不断完善，产能过剩应逐渐减弱，但现实却是产能过剩“愈演愈烈”。而政府补贴论忽视了不同行业市场化程度或政府管制程度的不同、不同所有制企业结构差异对于产能过剩形成与治理政策效果的显著差异。

诸多学者从经济运行的角度分析生产过剩的原因与其对策。如“产业组织结构和经济增长方式不合理”，因为自主创新能力弱。又如，韩国高（2013）发现，提高集中度，有助于淘汰落后的过剩产能。这些观点虽有一定道理，但均未能抓住问题的根本。

（二）生产过剩的本质原因

改革开放以来，特别是 1992 年以来，为满足社会主义初级阶段经济发展的需要，允许私有制经济发展，我国私营经济不断发展壮大。同时，对外开放和经济全球化进程加速，我国经济逐步卷入发达资本主义国家主导的全球市场经济体系之内，在很大程度上，出口导向型的经济增长战略使我国经济与发达资本主义国家的经济相联系，资本主义经济规律对经济的影响越来越大。社会主义条件下，非公有制经济虽不具备资本对劳动的社会强制，但在剩余价值规律作用下，私人企业主仍然能够凭借其所有权不断地获取劳动者创造的巨额利润，他们利用我国待业队伍庞大而延长劳动时间、压低工资待遇，[①] 剩余价值率长期高达 240%（吴宣恭，2016）。这导致资本和生产无序扩张，经济结构失衡，资本剥削加强，必然会不断加剧资本财富的积累和劳动者贫困的积累，贫富两极分化日趋严重，当收入更加不平等时，社会平均消费倾向就会更低，消费更难以启动。受资本主义经济规律的影响，本质上，当前的产能过剩和内需不足同资本主义私有制经济遇到的问题是相似的，即全国购买力低下导致生产能力过剩。随着生产资料公有制比重的不断下降和私有化的突进，资本主义经济规律的影响作用日益渗透到经济领域的方方面面。因此，生产过剩虽有经济周期的因素，但根本原因是重大结构性失衡。何干强（2016）提出，1992 年以来，允许私有制经济发展，非公有制经济因素不断发展壮大（何干强，2016）。2000 年以来，伴随着我国公有制经济比重的快速下降，基尼系数相应上升（徐传谌、翟绪权，2015），到 2008 年，这一数值已高达 0.491。目前，我国基尼系数虽已连续七年下降，但 2015 年为 0.462，仍高于 0.4 的国际警戒线。中低收入者人数虽多，但不是无钱可花，就是钱少不敢消费，即穷人的边际消费倾向大于富人的边际消费倾向，这使劳动者有支付能力的需求呈相对缩小趋势；而富人无须扩大消费，只能把钱用于投资，年均积累率高达 31% ~56%（吴宣恭，2016），生产与消费、供给与需求等经济运行的各种矛盾在对抗中进一步发展，不断把经济推向全面过剩（刘伟、苏剑，2014）。由于消费不足，经济增长必然依赖投资扩张。当投资过度增长和消费持续下滑相互叠加时，生产过剩更加严重。投资依赖，致使我国养老、医疗等社会保障供给不足，使得居民特别是中低收入阶层对未来缺乏安全感，只能积极储蓄、压缩消费，加重产能过剩。总之，生产过剩的根源在于新自由主义思潮泛滥引起的“所有制结构失衡”（程恩富、侯为民，2015），即非公有制经济比重增长过快与公有制经济比重下降（何干强，2016）。1993 ~2013 年，国有经济在 GDP 中的贡献率由 42.86% 下降至 22.62%，1978 年与 2013 年对比，国有经济在 GDP 中的占比下降了 60%[②]。2010 年，我国钢铁产能过剩 60% 以上、水泥产能过

① 2010 年一项调查披露，私有企业人均工资比国企低 48%。

② 根据 1996 ~2013 年《中国统计年鉴》相关数据计算。

剩90%以上，都是非国有企业盲目上新项目引起的（宗塞，2010）。2015年，民间资本在社会固定资产投资中占比超过了50%，且制造业固定资产投资额中77.7%源于民营企业（余东华、邱璞，2016）。洪功翔（2016）运用大量事实和数据证明：国企“软预算”或补贴国企引起的生产过剩论、“与民争利”论、“挤压”民营经济发展空间论、不公平竞争论和“增长拖累”论，均不攻自破。

（三）生产过剩对国民经济运行的不良影响

迄今为止，我国政府出台了一系列政策治理产能过剩，但“久调未决”，甚至“越调越乱”，生产过剩已从阶段性、结构性问题演化成为严重的持续性、全面性问题，造成多方面危害。第一，导致大量信贷被引入产能过剩行业当中，大量短期信贷被迫不断延期而变为长期贷款，造成资金利用率下降和资金滥用，极大地损耗了社会财富和资源；国有企业利用盈利业务补贴落后产能，严重影响经济发展的质量。第二，加剧恶性竞争、使得效益下降，甚至大面积倒闭破产，经营困难企业的职工失业严重，价格扭曲，环境污染严重，银行不良资产增加，增加了金融风险和经济衰退风险。第三，减少地方财政收入，累积地方债务风险。第四，既创造货币超额供给，又吸收大量货币，引发通货膨胀与通货紧缩的双重风险。第五，造成出口依赖，不仅引发一系列外贸摩擦，而且大规模出口并没有使我国居民消费水平随出口创汇增加而提高。总之，生产过剩影响到经济、民生和社会安定诸多方面，成为多年来我国经济发展面临的久治不愈的顽症，是我国当前面临的主要宏观经济风险之一。

在《哥达纲领批判》中，马克思说：“消费资料的任何一种分配，都不过是生产条件本身分配的结果；而生产条件的分配，则表现生产方式本身的性质。”① 公有制经济主体地位削弱，劳动者收入相应下降，难以扩大内需和改善民生，违背了国民经济的健康协调和可持续发展的要求。这既与我国社会主义国家的性质相悖，更遑论抵御国际经济衰退的冲击。现有的两极分化格局归根结底是由生产资料所有制结构决定的。这就要求大力发展公有制经济，做强做优做大国企，包括促进科技进步、提高劳动生产率，既优化供给，又增加居民收入、扩大消费需求，以应对生产过剩。

二、解决生产过剩的关键在于做强做优国企

本文认为，国企只有做强做优，才能做大，故而舍去“做大”。

（一）国企能够实现供给与需求平衡

社会主义生产关系的本质是把激发人的活力、创造力与公平分享改革发展成果相结合，即凭借先进技术，不断发展、完善社会主义生产，最大限度地满足人民日益增长的物质文化需要。只有当生产目的不再服从、服务于剩余价值，而是定位于最大限度地满足人民群众的需要、不断提升这种需要满足的层次，才能充分发挥社会主义制度的优越性，进而促进人的全面发展和能力的提高；使人民的积极性、主动性、创造性得到激发；使人民生活美好幸福，扩大消费需求，为经济发展开辟更广阔的空间。发展的目的、发展的手段、发展的主体、发展的最终受益者和评判者，都是人民。人民是财富的创造者，也是财富的消费者。由此实现财富的生产与消费、生产的目的与手段的有机统一。

社会主义基本经济规律及由此派生的其他经济规律要求破除新自由主义的完全市场崇拜论，坚持维护广大人民群众的根本利益，所有活动都要以满足人民群众的根本需求为原则，坚持把增进人民福祉、朝着共同富裕方向稳步前进，作为经济发展的出发点和落脚点。只有如此，才能使“生产目的论”上升到更高位置的“发展中心论”。因此，社会主义国家宏观调控的主要目标不是保持短期总量均衡、为市场机制的运行创造宏观条件，而是从经济社会发展的全局和长远利益出发制定实施科学、正确的经济发展战略，统筹兼顾各个重大比例关

① 《马克思恩格斯全集》第19卷，人民出版社1995年版，第23页。

系，促进总供求平衡、经济社会可持续发展。坚持以公有制为基础，实现生产发展、生活富裕、生态良好，经济增长和质量效益改善同步，经济发展和居民收入增长同步，劳动生产率提高和劳动报酬增长同步。

供给侧结构性改革旨在优化供给体系。这是化解产能过剩的核心所在。最根本的供给侧改革是优化所有制结构，发展公有制经济。公有制经济最重要的实现形式是国企，其作为商品生产者，虽然要盈利，但是国企的经济利益能够适当让位给社会的整体经济利益，生产具有直接社会性（张宇，2016）；国企以掌控国家经济命脉为本职使命、以发挥资源的规模经济和集约优势为宗旨，在国民经济中占有主体地位，是与社会化大生产的发展程度相匹配、相适应的，体现着全民所有、为民服务的性质和要求。以此为前提，国家才能摆脱资本逐利本性的制约，把收入两极分化控制在社会可承受范围内，保证社会产品的分配有利于劳动者的整体利益和长远利益，发展社会基础设施，缩小地区之间的发展差距等。因此，国企主体地位的巩固加强，是推进现代化，保障人民的公平机会、共同利益、共同富裕的物质基础、有效手段和实施载体。例如，国家扩张性财政政策效应的大小、财政乘数的大小与国企效率息息相关。由于占国民经济主体地位的国企的引导和示范作用，生产要素与资源在各个产业间的分配直至市场主体的商品生产过程都是在政府的宏观调控下尽可能地遵循供求关系而按比例分配的，这就使任何一个产业或市场主体都难以使其生产脱离需求而无限扩大。

（二）国企能够加快实现共同富裕

发展“以人民为中心”，核心理念是共同富裕。现阶段，国企的主体地位、共同富裕和产能过剩三者间存在环环相扣的逻辑关系：国企的主体地位是促进共同富裕的基础，而共同富裕又是解决产能过剩的根本，共同富裕做得越到位，边际消费倾向越高，发生经济危机的可能性就越小。公有制所占比重越大，劳动者收入水平越高，则出现生产过剩的可能性就越小。在国企中，生产资料是劳动者实现人生价值、创富于己、造富于民的工具。国企的全民性质决定了其生产目的不仅仅是剩余价值（M），而是可变资本＋剩余价值（V＋M），其生产的利润是为国家和全体人民所有的，而非国企的生产目的仅仅是M。国企盈利属于全民，其实现盈利，不是“与民争利”，而是“为民争利”，其盈利越多，越有利于共同富裕。国企盈利是由国家统一支配，包括向落后地区转移支付、减免税负而惠及全民、还财富于民的，提升低收入群体的财富下限；与此同时，在国家有序调节、国民经济各个部门按比例发展的条件下，市场价格是较平稳的，有助于防止社会财富向极少数人过度集中和暴利行业的长期存在，有效降低高收入群体的财富上限。这一“升”一“降”，使贫富差距明显减小。可见，国有经济具有增加劳动收入的引领带头作用，使非公有制因素的发展严格控制在社会主义国家允许的必要范围之内，有效“节制资本”，既利用市场经济优胜劣汰和贫富差距机制，让一部分人通过诚实劳动和合法经营先富起来，拉开贫富差距，又发挥国企的优势使贫富差距不会过大，逐步实现共同富裕。随着个人财富与社会财富的共同增加，劳动人民的购买力会越来越高。

国企有助于保障职工的体面工作和体面劳动，有助于不断增强其主人翁地位，2008年金融危机期间，央企为保障社会稳定，不仅没有裁员，就业岗位反而比2007年增加了7%。国企薪酬水平一直较高，且比私有企业缴纳更多的税费，2003～2011年，其税收负担率为私营企业的2～5倍（徐传谌、何彬、艾德洲，2014）。

国企在防范和熨平经济周期性波动中，发挥着“自动稳定器”的重要作用。借助国企自身强大的投资能力，在经济衰退期间，增加国民经济“短板”产业投资，即逆周期运行，增强经济的自我修复能力，形成了巨大的正外部性和外溢性。并且，众多的国企提供多样化公共产品。如中粮集团承担着粮食供给、稳定粮价的社会责任，而粮价稳定有利于劳动者实际工资稳定和增加。

（三）国企能够落实按劳分配原则

社会主义经济中共同富裕的实现，不仅要依赖国民收入再分配，更要依靠社会主义公有制为基础的初次分配，贯彻按劳分配原则，预防和缓解两极分化问题，这是与资本主义国家截然不同的。社会主义公有制经济中劳动力的商品形式是作为劳动力所有者的劳动者与社会所有的生产资料相结合的实现形式，是生产者在共同占有生产资料基础上平等互助的生产关系，任何人都不可能凭借生产资料私有制去占有和剥削他人的劳动，劳动成为支配生产资料和获得社会产品的唯一根据。按劳分配是社会主义公有制的本质要求，是生产资料公有制在分配环节的实现，体现了社会主义公有制的经济关系和社会主义阶段劳动的社会性质。

国企分配是以人为本、以按劳分配为原则的，具有多维效应：一是在劳动力与资本、管理等生产要素的分配结构中，提升工资收入占比；在劳动报酬与企业收益的分配结构中，适当提高劳动报酬占比；保证广大劳动者对价值的占有，实现公民分享社会财富的权益，能够有效地缩小收入差距，从而增强劳动者购买力，提高居民消费力，特别是提高消费弹性最大的群体即低收入群体的消费力，提高社会边际消费倾向，缓解乃至消除生产过剩。二是充分调动劳动者的积极性，形成对劳动者的激励机制，为经济增长带来新的活力；坚持按劳分配为主体，让按劳分配收入高于按生产要素分配的收入，使个人的努力或付出与个人报酬对等，使个人收益率不断接近国家收益率，鼓励人们通过“生产性努力”而不是“分配性努力”去实现自身利益最大化，使人们追求自身利益最大化的行为直接推动经济增长和经济效率提高，促进生产力发展。三是随着生产力发展，促进人民生活水平不断提高。四是多劳多得，少劳少得，确保社会公平，促进共同富裕。

社会主义按劳分配制度同市场经济体制相结合，能够破除资本主义私有制和按资分配所造成的经济剥削和两极分化，能够克服效率至上的竞争和市场自发调节所造成的收入与财富分配不公，维护社会分配公平公正，能够发挥市场调节收入分配的灵活性，促进商品生产者和经营者提高经济效益。

国企的劳动价值观引领私营企业的分配，分配比例按劳分配高于私营企业，引导私营资本从资本至上转向兼顾利益相关者利益的原则。其用内嵌劳动价值观、劳动本位论的社会主义公有制及公有资本的阳光普照，引导非公有制经济的产品分配；其用按劳分配的劳动和谐观影响同化私营企业的“按资分配”，引导私营企业所有从业人员的财富价值观和行为方向，引导社会舆论和企业文化，产生一种善待劳动者、劳资两利的社会文化氛围，提升企业员工的凝聚力和向心力。持按劳分配观的国企员工流动到非公有制企业则成为助推非国企公平分配的内生力量；流动到国企的非公有制企业员工受按劳分配环境的熏染，能较快地形成正确的分配公平观。

三、做强做优国企的路径

我国国企长期积累的结构性矛盾以及体制机制障碍尚未完全排除，尤其是大型国企股份制改革相对滞后，核心竞争力需要进一步增强。

（一）加快推进混合所有制改革

国企拥有特定的政策优势、人才优势、规模优势和技术优势，擅长活动在长远利益、社会整体利益较大而风险也较大的产业领域之中；其以政府信誉为担保，拥有并可以发挥信用风险较小、贷款利息水平较低、融资渠道较广、可以不必支付股息等融资优势。但是，国有资本为应对市场和创新的不确定性和自身资源的有限性，以竞争领域的国有资本为主体，凭借并发挥其诸多优势，借助资本市场，利用好股权投资基金坚持民主性、公开性、竞争性，以双方或多方的共同利益为基础，通过联合、重组、收购及产品证券化、信托等路径，积极探索特许经营权、预期收益权、债权等权益市场交易，推进国企内部资源整合，并购重组、拆分重组、合理选择投资者、强强联合，科学安排混合模式，允许和吸引非国有资本以实物、知识产权、专有技术、土地使用权等多种方式出资入股、收购股权，认购可转债、融资租赁，通过参股、控股或并购等多种形式依法参与国企的改制重组，与非公有资本从相互对立、相互替代转变为交叉持股、相互制衡、相互学习与促进、合作共赢，发展知识和资本融合、技术和人才融合的混合所有制经济，从而实现国有资产实物形态与价值形态的相互转换、合理流动、有序进退和优化配置，国企由单纯生产经营转向以生产经营为基础的资本经营，通过组织、指导和监督国有资本运营平台开展资本运作，加速国有资本积累和集中，积极引入拥有先进管理经验的民间资本、引入更多战略投资者，实现投资主体和产权多元化，在战略、管理、生产、营销各个环节健全国有资本截长补短、进退自如且合理流动的机制，实现资金、技术、人才、土地、商誉、信贷、市场多元驱动、互补互动，就此扩大国有资本投资领域和范围，促进各个企业间的资源共享和技术扩散，即以优势互补为内容，以各个资源要素特定属性间的协同或匹配性协调为特征，优化资源配置，促进国企要素整合放大和功效倍增，产生“1 +1 > 2”的协同效应，使国有资本放大功能、保值增值；加快推动国有资本从劣势低端低效环节转向高附加值、高效率、中高端产业链环节，转向产业绿色、资源节约、环境友好和创新驱动的可持续发展模式；国有资本从分散向具有国际竞争力优势的国企集中，向关系国家安全和国民经济命脉的重要行业、支柱产业、高科技行业集中，向经济社会发展的瓶颈领域集中，更好地服务于国家战略目标，提供更优质的公共产品，提升国有资本的运营效率和投资回报率，提高竞争力，扩大有效供给。通过混合所有制，国企利用外部条件补足自身“短板”，将外部优势资源更加有效地转化为自身能力，完善国企的动力机制、治理机制和学习机制，促进经营机制转换。然而，混合所有制在发展过程中将面临摩擦和冲突，要整合治理机制，完善国有公司治理结构，整合原有各个企业、各个管理层与各个机构间的利益关系，提高管理效率，进而增加有效供给。国企发展混合所有制，不是“国退民进”，而是通过“四个坚持”和“四个打破”，做强做优做大国企。

“四个坚持”是：第一，坚持国有经济在包括金融等产业在内的关系国民经济命脉和国家安全的重要行业和关键领域的控制格局，增进社会利益和共同富裕。第二，坚持有利于公益的垄断，垄断行业与国家发展战略有关，垄断企业获得的高额利润是属于全民所有的财政收入，由国企经营，公共福利最大，符合人民群众利益；垄断行业由于自身在技术开发、资源使用上具有得天独厚的优势，能够带动生产力提高。第三，对于优质国有企业，坚持国有独资，但是要在整个国有经济内部整合，提高产业集中度和核心竞争力。对任何领域的优质国有资产都应坚持只做加法不做减法，杜绝国有资产存量特别是优质存量大拍卖，杜绝国有股权大规模减持，防止非公资本的单向参股或控股关键部门，遏制重要行业中的外国资本垄断趋势，进而遏制劳动收入占比下降。第四，在实施“宜独则独，宜控则控，宜参则参”过程中，坚持“宜独则独、宜控则控”为主，“宜参则参”为辅，确保公有制经济的主体地位。要求国企退出竞争性领域是违法的，也是违背党的十八届三中全会精神的，更是违反市场经济基本原则的。国企早已成为与民企一样的自主经营、自负盈亏的市场主体。一些优秀国企，如神华，成立之初仅有 400 多亿元资本，20 年已累计创造出 13000 亿元的国有资产，2014 年利润为 640 亿元，即使在煤炭全行业亏损的 2015 年，神华仍然盈利 318 亿元。不仅国企直接效率高，而且从 2004 年至今，认为国企“间接效率高”的文献比例逐渐上升（姚东旻、李军林，2016）。当然，对于经营不善扭亏无望且处于价值链低端的“僵尸”国企要坚决淘汰，可使用优质民营资本来部分替代。

“四个打破”是：第一，打破危害公益的垄断。第二，打破国内与国外界限，使国资与外资有机融合。第三，打破中央与地方的等级界限，使央企与地方国企有机融合。第四，打破现有国资委系统内外的界限，使实业与金融业有机融合。

国企发挥在关系国计民生产业上的主体作用及主导作用，发挥在管理运作上的规范优势，重组一批战略性国企。并且，在同质竞争对手、业务合作对象、上下游供应链等经营关联各个方面寻求战略合作伙伴，尤其是更多地向非公有企业投资、更多地控股非公有企业。通过控股、运用少量国有资本控制大量社会资本，将大量闲置资本、沉淀资金资本转化到创造价值的活动中，集聚社会资本和民间优势，并将其发展纳入社会主义市场经济的正确轨道，对非公有制经济进行所有制改造，吸引私营企业融入以大型国企为龙头的产业链。这样，能够超越民营企业家的家族关系的禁锢，促进体制混合与产业和资源整合，实现各类资本有机融合和协同运作，把两者的优势很好地结合起来，形成益损与共、共同发展、以分工协作为基础的创新龙头企业；通过公司治理结构的正式制度安排，将国企成熟有效的民主管理理念、按劳分配原则等规章制度和人本管理的精神渗透到合资企业中；通过国有经济的影响和引导，实现非公有制企业的转型升级，不但生成新的生产力，而且打造新的公有制经济形式，从而提高资本边际产出效率和资本动态配置效率，提升制造业全要素生产率，增强国有经济活力，不但无愧于国民经济主体，而且成为国民经济运行的主导者。总之，通过基于市场原则的分工与合作，公有资本与市场经济融合，实现“国民共进、协调发展”。

国企能够帮助有发展前途的民企解决资金、人才、技术等方面的困难，引导私营企业进行产权制度改革，通过员工持股，建立现代企业分配制度，促使其由非公有制企业转变为劳资共享企业，实现按劳分配与按资分配的结合，工人不但获得劳动收入，通过持有股票，还可获得资本增值所带来的利益，工人以其拥有的劳动力按贡献分享企业利润、股票市场价值和管理权，有效减少私营企业压低工资的现象，实现劳动薪酬稳定增长，尤其是使那些在科技研发、管理方面贡献突出的科技人员与管理人员能够参与企业的利润分割。这是基于资本作为生产要素贡献的市场评价和股权工具的市场运用，有助于进一步促成劳动者能力和资本能力之间的合作关系，使企业成为资本所有者和劳动所有者的利益共同体。

（二）健全体制，促进科技进步，打造国有跨国公司

政府应完善科技财税政策、科技金融政策和科技产品采购政策，与此相配套，健全法治，尤其是完善行政查处、司法诉讼的知识产权保护体系。

从紧迫需求出发，抓住“互联网+”的机遇，鼓励大学科研院所通过许可、转让、入股等方式向企业转移科技成果，精准消除行政壁垒，将原来分割的、隶属不同所有制、不同区域、不同层级的科技资源进行整合、无缝对接，鼓励相关企业在智能化园区集聚发展，尽快聚集由高端领军科技人才、经营者和科技中介人才领衔的创新团队，从单个企业创新向协同创新转型，健全创新主体、要素和相关机构三者联动发展的机制，形成上下游合作紧密、分工明确、利益共享的政产学研用一体化新型产业组织，利用其外溢效应吸引和鼓励国企与相关高校科研院所、其他企业共建研发中心，共建科技资源共享平台，孵化一批研发能力强、有核心技术的创新集群。

国企人才济济、资金雄厚、技术装备先进、创新资源丰富，但在创新方面仍然不尽如人意。实施创新驱动战略，重组整合资源，增加研发投入，将经营者、科技人才收入与企业利润挂钩，积极推行股权激励，鼓励科技人员依靠科技创新和技术转化增加收入，形成知识创造价值、价值创造者能够得到合理回报的良性循环。牢固树立以人为本的管理理念，为员工创造和谐、宽松以及公平的工作与成长环境，吸引和留住人才。充分保障经营者的合法权益，逐步完善职业经营者市场，建立经营者业绩考核、离任审计等认证制度，健全职业经营者信用制度，充分发挥内外监督的重要作用。健全董事选聘、任用以及评价机制，通过董事会聘任经营者，与企业生产责任、经营成果与风险等紧密联系，实施经营者年薪制度。引入竞争机制，在日常实践中考察聘任优秀人才担任企业高层领导；培养与造就一支职业化、高素质的经营者队伍，创造世界一流经营管理的成果。企业管理者的主要任务是牢牢抓住科技进步这一关键，大力发挥科技的支撑和杠杆作用，放大创新激励经济增长的乘数效应，进而加快培育一批对国内产业发展具有重要引导力和带动力、具有全球资源整合力和控制力，在市场竞争中具有主导权的一流控股、控技、控牌的“三控型”国有跨国公司，促进国家由大到强。

参考文献

［1］李扬、张晓晶：《“新常态”：经济发展的逻辑与前景》，载《经济研究》2015 年第 5 期。

［2］杨慧宇：《从生产成本到消费主体——我国扩大

内需战略中劳动者的角色转换》，载《现代经济探讨》2016年第2期。

［3］范林凯、李晓萍、应珊珊：《渐进式改革背景下产能过剩的现实基础与形成机理》，载《中国工业经济》2015年第1期。

［4］韩国高：《行业市场结构与产能过剩研究——基于我国钢铁行业的分析》，载《东北财经大学学报》2013年第4期。

［5］吴宣恭：《五大发展理念是社会主义基本经济规律内涵的深化拓宽和高度概括》，载《马克思主义研究》2016年第8期。

［6］何干强：《振兴公有制经济刻不容缓》，载《河北经贸大学学报》2016年第1期。

［7］徐传谌、翟绪权：《我国社会主义初级阶段公有制经济的主体地位研究——兼析公有制经济比重与基尼系数的关系》，载《马克思主义研究》2015年第8期。

［8］刘伟、苏剑：《“新常态”下的中国宏观调控》，载《经济科学》2014年第4期。

［9］程恩富、侯为民：《做强做优做大国有企业与共产党执政》，载《政治经济学评论》2015年第6期。

［10］宗寒：《我国经济发展中的产能过剩及其防治》，载《毛泽东邓小平理论研究》2010年第1期。

［11］余东华、邱璞：《产能过剩、进入壁垒与民营企业行为波及》，载《改革》2016年第10期。

［12］洪功翔：《国有经济与民营经济之间关系研究：进展、论争与评述》，载《政治经济学评论》2016年第6期。

［13］张宇：《论公有制与市场经济的有机结合》，载《经济研究》2016年第6期。

［14］徐传谌、何彬、艾德洲：《逐步实现共同富裕必须发展和壮大国有经济》，载《马克思主义研究》2014年第9期。

［15］姚东旻、李军林：《国企多元功能与运行效率：1999～2016年》，载《改革》2016年第3期。

【外国国有经济研究】

印度、马来西亚国有经济：发展历程和经验启示*

郎　昆　冯俊新**

［摘　要］印度和马来西亚是二战后通过和平交接而独立的原殖民地国家，这两个国家在实现民族独立后，都不同程度地通过发展国有企业而实现了工业化。作为两个新兴经济体，其国有经济的发展经验在新生民族国家中具有一定的代表性。印度20世纪50年代开始建立公共部门主导的混合经济模式，这一发展模式在20世纪60年代和70年代进一步强化。马来西亚从20世纪70年代开始实行“新经济政策”，建立了一批国有企业并不断加强。国有企业在初期成功推动了两国工业化的发展，到20世纪80年代末，两国国有企业在经济中的地位都达到了高点。但两国国有经济在发展过程中也逐渐暴露出不少问题，从20世纪90年代开始两国先后进行了国有企业改革。至今两国国有经济在能源、电信、基建等领域依然发挥着关键作用。我们在细致梳理两国国有经济发展历程的基础上，提出三点经验启示：第一，要客观评价国企在发展中国家经济发展初期的重要作用，通过国有企业在重点领域加强投资，有助于这些国家推进工业化目标的实现；第二，要正确看待国有经济占比的动态调整，随着一国经济的发展和市场制度的完善，政府干预经济的有效方式也会不断改变；第三，不同国家中，国有企业承担的角色存在差异，所以在改革过程中需要解决的问题并不一致，各国应该探索适合本国国情的改革道路。

［关键词］国有经济；印度；马来西亚；后发国家；经济史

国有企业应该如何布局和发展，是一个理论界和实务界都长期关注的重要话题。据统计，截至2018年底我国非金融类国有企业资产总计210万亿元，是GDP的两倍以上，成为最重要的公共资产。同时，近年来国有企业以全国1/4的经济规模贡献了近一半的税收，成为实现社会稳定的基础和公共财政的支柱。除了中国以外，在不少新兴经济体，国有企业也承担着重要的经济角色。印度和马来西亚两国有着相似的历史发展背景，分别是大型和中小型发展中国家的代表，其国有经济的发展历程在发展中国家里有着很强的代表性，对这两国国有经济发展历程进行梳理比较，可以给我们提供一些经验启示。

印度和马来西亚作为二战后实现民族独立并成功崛起的新兴市场国家，其发展历程和经验对于其他发展中国家具有很强的借鉴启示意义。作为二战后独立的原殖民地国家，两国政府都从殖民者手中接管资产，建立了第一批国有企业。随后在发展初期，都采用了国家主导的模式发展经济。在这一时期，两国都制定了一系列的“五年计划”，在一定时期大量建立国有企业：1947年印度独立后，尼赫鲁总理的发展战略强调发展民族工业和进口替代战略，通过建立一种公共部门占主导的混合经济模式来大力推动印度的工业化，到20世纪80年代国有企业占总投资比重长期稳定在40%左右；1971年马来西亚开始实行“新经济政策”，政府加强了对经济的参与，政府在外贸、工商、金融等重要产业建立了一大批国有企业，到1989年所有部门的国有企业的产值占当年GDP的25%。尽管在20世纪90年代两国先后进行了国有企业私有化改革，但至今国有经济仍占有相当比重，在能

* 国家社科基金重大研究专项“‘一带一路’沿线国家信息数据库”项目（17VDL001）。

** 郎昆，清华大学经济管理学院博士研究生（北京，100084）；冯俊新（通讯作者），中国人民大学经济学院副教授（北京，100872）。

源、电信、基建等领域发挥着关键作用。事实上，印度和马来西亚的案例具有较强的代表性，回顾今天世界上主要的新兴市场国家的经济发展史，不难发现，在这些后发国家的发展初期国有企业都扮演了重要角色。

对于发展中国家国有企业发展情况的比较和历史规律总结，目前国内已经有不少研究。如慕海平（1990）重点分析了在发展中国家市场发育不完备的条件下，政府通过建立国有企业等方式来干预经济发展的必要性和改革的方向。张其佐（1990）、李俊江（1996）、周茂清（2002）等对有代表性的亚非拉发展中国家国有企业的发展情况和所遇到的问题进行了介绍。国家国有资产管理局科研所课题组（1996）、廖红伟和赵翔实（2014）等在总结了不同类型代表性国家的国有经济的布局和改革情况后，强调了各国国有经济的发展和产业布局在具备相同特征的同时，还跟本国的具体情况相关。这些研究对主要发展中国家的国有企业发展和改革历史进行了很好的总结。本文试图通过对两个有代表性的发展中国家的国有企业发展和改革历史的梳理，总结发展中国家国有企业发展的一些特点。国内对印度和马来西亚两国国有经济模式的总结较少，且所涉及的年代较早。如陈明华（1995）和林梅（1998）分别对印度和马来西亚两国的国企改革情况进行了介绍；稍后，李俊江和何枭吟（2005）对印度国企改革的绩效进行了研究。本文在查阅大量历史文献和搜集历史数据的基础上，较为细致地梳理了印度和马来西亚两国国有经济发展历程，并在此基础上对发展中国家国有企业发展和改革的经验进行了初步总结。

一、印度国有企业的发展历程

印度是大型发展中国家的重要代表，其独立以来的发展战略在发展中国家里具有很强的代表性。根据印度国有企业的相对规模变化及其在整个国家经济发展战略中的地位变化，我们可以大致把印度国有企业发展分为两个阶段：从 1947 年独立到 1991 年全面经济改革前，为国有企业的扩张期；1991 年至今为国有企业私有化改革期。

独立之前的印度是英国殖民体系的一部分，也是世界上经济最落后的经济体之一。农业占国民生产总值的一半以上，工业比重很小且主要集中在轻纺和原料加工业，钢铁和机械等重工业生产能力非常低。英国资本控制着金融、铁路、邮电等关键领域，在工商业投资中占有近半数。

在这种背景下，1947 年印度独立后，为了打破其不利的贸易环境和从属于外国的产业地位，首任总理尼赫鲁提出了自己的经济思想，强调发展民族工业和进口替代战略，通过建立一种公共部门占主导的混合经济模式来大力推动印度的工业化。具体来说，尼赫鲁政府通过接收殖民者的产业，建立了公营经济的基础。在具体产业发展战略上，尼赫鲁政府先后颁布了《1948 年工业政策决议》和《1956 年工业政策决议》，将印度工业分为不同类型，明确划定了公私营经济的活动范围。这两个文件虽然在分类上有一些细小区别，但整体思想一致，即指定那些具有基础性、战略性重要地位的行业需由国家经营，确立了公共部门在整个经济体系中的重要地位。① 为了成功推行这一战略，印度实行了工业许可证制度，对私营企业的投资和经营行为进行限制，以使其跟整个国家的发展战略相符。在国家层面，印度从 1951 年开始制定和实施五年计划。从 1956 年开始的第二个五年计划起，印度全面实施了尼赫鲁的上述经济发展战略（这一发展战略也被称为“尼赫鲁—马哈拉诺比斯发展战略”），加大对基础工业和重工业的投资规模，公营部门（包括国有企业和政府）占全国固定资产形成的比例一度超过了 50%（见图 1）。到 20 世纪 60 年代末，对钢铁、机械、化

---

① 《1948 年工业政策决议》把印度工业分为四大部类：第一部类为军火、原子能和铁路运输；第二部类包括煤炭、钢铁、飞机制造等 6 种工业；第三部类包括重化、机床等 18 种工业；其余工业均为第四部类。第一部类、重工业和基础工业划归国家经营，私营经济主要限制在第四部类领域。《1956 年工业政策决议》把印度工业分为三大类：第一类专门由公营部门拥有和经营，包括重工业、基础工业、主要矿产、国防工业以及重要的公用服务设施，共 17 种；第二类包括 12 种，主要是第一类以外的矿产、机械工业、化学工业、药品生产等，原则上也应由国有企业经营，但私营企业可以起补充作用。

工和石油这四个行业的投资占到了国营企业总投资的79%。

除了工业部门外，印度政府也在金融行业逐步实行国有化。1948年印度政府接收了原英国殖民政府的中央储备银行。1955年对最大的私营银行即帝国银行实行国有化，并改名为印度国家银行。1956年，又将人寿保险业全部国有化。对金融行业的国有化在两次经济衰退时期达到了另一个高潮。在20世纪60年代末的经济衰退中，印度政府将14家最大私营银行实行国有化，从而使83%的银行业务掌握在国家手中。1980年，在另一次严重经济衰退后，印度政府又接收了6家银行。这一系列操作使得印度政府掌握了全国91%的银行业务。[①]

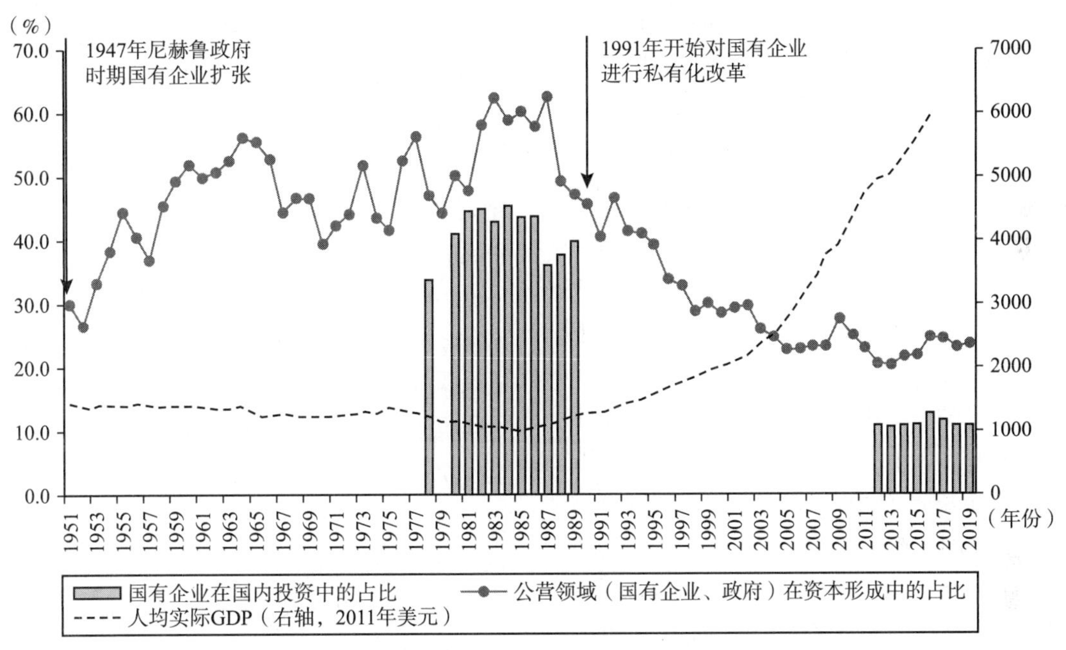

图1　1951～2018年印度国有企业在国内投资中的占比

资料来源：CEIC数据库，World Bank Bureaucrats in Business Report，OECD Indicators of Product Market Regulation（PMR），Maddison Project Database（MPD）2018，作者计算。

这种公共部门主导的混合经济模式一直持续到20世纪80年代末。其间历次的产业政策决议和五年计划都在强调公共部门在工业化过程中的重要性，公共部门的规模也日益膨胀，到20世纪80年代，印度公营部门（包括国有企业和政府）占全国固定资产形成的比例一度超过了60%，其中国有企业占总投资比重长期稳定在40%左右。到1990年底，中央直属企业数量由1951年的5家发展到244家，而邦级国有企业则由20世纪50年代末的51家增加到1990年底的843家。这些国有企业广泛分布在矿业、制造业、交通、金融和贸易等重要行业，渗透整个国民经济。

尼赫鲁发展模式对促进印度工业化起到了积极作用。一方面，通过国有企业的快速发展，提高了工业在国民经济中的比重，工业增加值占GDP比重由1951年的16%上升到1990年的30%。而在工业体系中，国有企业占据了“制高点”地位，为印度建立起了包括采矿、冶金、重型机器设备、机器制造、化工、石油开采与提炼、石油化工、化肥和电力等产业在内的完整的工业体系。另一方面，印度也一定程度上摆脱了其原来依附于英国殖民体系下的经济格局，实现了独立自主，建立了基本完备的工业体系，其国内的机器设备自给率一度达90%以上，同时重工业的发展

① 于光远：《经济大辞典》，上海辞书出版社1992年版，第523～524页。

也在一定程度上促进了农业的绿色革命和国防现代化。

但是，上述尼赫鲁经济发展战略也带来了一些问题。第一，过分强调重工业优先发展，导致了经济结构失调，农业和轻工业发展严重滞后，导致经济危机频发。1990年以前的印度经济中，农业发展落后使得粮食危机频繁发生，而轻工业发展落后则使印度的外贸发展严重受挫，导致国际收支危机频繁发生。这些危机往往打断了原有的发展计划，从而使印度经济发展大幅落后于其他发展中国家。第二，国有企业垄断范围没有随经济发展和政府能力的变化而调整，后期更是出现了大面积亏损，对国家财政造成沉重负担。到20世纪80年代，尼赫鲁早期定下的国有企业专营范围基本上并没有调整过，国有企业运营效率低的问题不断恶化。1989～1990年度，全印度843家邦级国有企业中，有514家企业的亏损，亏损率达60%以上。1990年，印度国有企业署对96家中央直属企业的调查表明，这些企业在过去数十年中靠自身内部积累所购买的资产仅占其固定资产总值的37.9%。[①] 1990年初印度计划委员会副主席赫格德就指出："由尼赫鲁亲自制定的《1956年工业政策决议》划分的公私经营范围，一直被认为是神圣不可侵犯的……但经济的发展迫切要求修改这一决议，因为公营经济占领的领域太多了，占领了一些不是要害部门的领域而且经营很差。"[②] 第三，由于公营部门的行业垄断和广泛存在的许可证制度，滋生了大量的腐败，并使很多国有企业沦为了政党政治的工具。许可证制度建立的初衷是由政府来调控整个国家经济的运行，从而实现政府的发展战略。但在该制度下，私营部门只有在取得政府的许可证之后才可以生产经营，而有时这种备案和审批会涉及80余个政府部门，这样一套复杂的证照审批和管理体制，滋生了大量腐败和寻租空间。与此同时，国有企业也开始成为政党选举的工具，为了获取选票，不断承诺通过国有企业来吸纳就业，完全不顾及国有企业的运行效率，从而使国有企业中出现了大量和政治选举相关的冗员，变成了政党寻租的另类工具。

在1991年国际收支危机后，印度正式开启了全面的经济改革，其中国有企业改革是重要一环。早在20世纪80年代，英迪拉·甘地总理和拉吉夫·甘地总理就先后尝试放松对私营企业的部分管制，但国有企业主导的投资依然是这一时期经济发展的主要推动力。印度国企改革真正开始的标志是在1991年纳拉辛哈·拉奥上台后实行的经济自由化改革，这一改革放弃了原来的尼赫鲁发展模式中的很多重要特征，从半封闭半管制经济体制转向市场经济。标志着印度政府国有经济政策转变的关键文件是1991年7月颁布的《产业政策声明》（Statement of Industrial Policy），后来也经常被称为"新产业政策"。国有企业改革是"新产业政策"的重要部分，其主要内容包括：第一，重新划分战略性行业，减持国有股。在整个20世纪90年代，只允许国有企业经营的"战略性领域"的范围不断缩小，到1999年，印度政府已将"战略性领域"缩小为以下三个：一是武器弹药及与国防设备、飞机船舰相关的产品；二是原子能；三是铁路运输行业。在战略性领域，政府仍然重点投资，并保证该领域企业中政府的股权保持51%以上；到2000年以后，虽然"战略性领域"的定义不再变化，但对这些行业中企业的政府股权要求则持续下降。在其他非战略性领域中，政府要结束国有企业的垄断，并减持国有股，转让给共同基金、金融机构、员工和一般公众。2000年印度政府还在财政部中专门设立了一个国有股撤资部门，保证减持计划的实施。[③] 第二，重组或关闭扭亏无望的企业，并和存续国企签订"谅解备忘录"。对于亏损严重、没有社会效益又无法售出的企业，政府逐步对其进行关闭或重组，同时政府也设立了国家重新安置基金，对亏损企业职工实行自愿退职的办法。对于存续的国有企业，政府通过和企业经理签订"谅解备忘录"，扩大企业的自主权，减少政府的直接干预，

① 陈明华：《印度国有企业存在的问题与政府的对策》，载《东南亚》1995年第2期，第50～54页。

② 孙培钧：《中印经济发展比较研究》，北京大学出版社1991年版，第47页。

③ 李俊江、何枭吟：《印度国有企业改革及其绩效》，载《河南机电高等专科学校学报》2005年第2期，第1～4页。

赋予董事会更大的权力，并根据企业的具体效益对经营人员进行奖惩，激发企业管理人员的积极性。

经过30年的改革，印度国有经济的占比大幅下降：国有企业在国内总投资中的占比从20世纪80年代末的40%下降到了2019年的11%（见图1）。根据印度公共企业部发布的调查报告，尽管中央国有企业数量维持基本稳定状态，1990年为244家，2018年为249家，但企业的经营状况有了很大的改善，亏损比例从1990年的61%下降到了2018年的28%。经济自由化的改革，也使市场原理、竞争意识渗透到生产活动的各个角落，促进了生产效率的提高，带动了印度经济的迅速发展。

即使在今天，国有企业依然在印度的一些领域发挥着重要作用。① 根据印度公共企业部2018年的报告，国有企业仍占据着全国煤炭生产的83%、原油生产的71%、天然气生产的83%、电力生产的54%、钢铁生产的17%、电信服务的11%和化肥生产的20%。而且印度国有企业的改革依然存在不少问题。一方面，印度国有企业的改革，虽然提高了经济的整体运行效率，也使印度经济产业失衡的问题得到了一定解决，但今天印度经济所面临的基础设施薄弱、工业比重不断下降等发展瓶颈问题也在一定程度上跟印度政府减少通过国有企业进行的投资有一定关系。此外，虽然国有企业改革已经有了较为深入的推进，但国有企业冗员和“僵尸企业”等问题依然严重，而选举政治和各种利益群体的阻挠则成为推动国有企业进一步有效改革的最大阻力。

二、马来西亚国有企业的发展历程

马来西亚是中小型发展中国家的代表，独立以来，马来西亚已经成为一个上中等收入国家，并且是具有成为高收入国家潜力的少数新兴经济体之一，其独立以来的经济发展战略也具有很强的代表性。

和印度一样，马来西亚也是前英国殖民地，在独立以前也是作为英帝国经济体系的一环，主要从事原材料生产。1963年独立后，马来西亚最早的国有企业来源于接管殖民者资产，包括水电供应设备、海港码头、机场设施、邮电通信和交通运输设备等基础设施，同时马来西亚政府还将森林、矿藏、河流等资源收归国有，成立了中央银行（国家银行），收回货币发行权，建立了一批最早的国有企业。

独立后的马来西亚政府开始为改善经济结构、实现工业化而努力，政府在不同时期制定了不同的经济发展计划。20世纪70年代以前，政府工作的重点是在农村地区，主要是通过加大在交通、水利、种植园、医疗等方面的投资，用以帮助提高农村人口的生活条件。在此时期，马来西亚经济依然保留着典型的殖民地特征，高度依赖农矿初级产品的出口，橡胶和锡是两大经济支柱，制造业占GDP的比重仅为8.6%，粮食和工业品均不能自给。

从20世纪70年代起，政府开始推动工业化，其推动方式是大规模成立和使用国有企业。从1971年开始，马来西亚实行“新经济政策”，政府加强了对经济的参与，把建立国有企业作为促进经济增长、消除贫困的重要手段。同时，这一政策还承担着进行国内收入再分配的职能。这一时期，政府推出原住民优先政策，旨在提高马来人在外贸、工商、金融等重要产业的经济参与。在此背景下政府建立了一批重要的国有企业，由政府委派马来族官员或马来族资本家进行管理，如马来西亚国际海运公司、马来西亚橡胶开发公司、马来西亚国营石

① 根据印度国有企业部数据，2019年印度主要的国有企业包括10家Maharatnas类国有企业（具有全球竞争力的知名企业）和14家Navratnas类国有企业（有竞争优势的公共部门企业）。Maharatnas类国企包括国家热电公司（NTPC）、石油天然气公司（ONGC）、印度钢铁管理局有限公司（SAIL）、巴拉特重型电气有限公司（BHEL）、印度石油有限公司（IOCL）、印度斯坦石油有限公司（HPCL）、印度煤炭有限公司（CIL）、印度天然气管理局有限公司（GAIL）、巴拉特石油有限公司（BPCL）、印度电网公司（POWERGRID）。Navratnas类国有企业包括巴拉特电子有限公司（BEL）、印度集装箱公司（CONCOR）、印度工程师有限公司（EIL）、印度斯坦航空有限公司（HAL）、MTNL电话有限公司（MTNL）、国家铝业公司（NALCO）、国家房屋建筑公司（NBCC）、国家矿产开发公司（NMDC）、印度NLC褐煤有限公司（NLCIL）、印度石油有限公司（OIL）、电力金融公司（PFC）、印度RINL钢铁有限公司（RINL）、农村电气化公司（REC）、印度航运公司（SCI）。

油公司、马来西亚造船工程公司、马来西亚电器公司、普腾汽车、马来西亚科技开发公司等。马来族政府官员，上到总理，下到各部长及州务大臣，无不亲自担任几家到十几家国营企业的董事会主席，并且成为企业的重要股东。为积极有效地参与经济事务，还成立了一些政府机构，包括马来西亚工业发展局、人民信托局、国家企业公司、州经济发展公司和城市发展局等。

这一时期，马来西亚国有企业迅速扩张，无论是在数量上还是在分布行业上都达到顶峰（见图2）。据马来西亚情报局（CICU）统计，截至1990年3月底，全国共有1158家国有企业，其中396家为政府独资，429家为政府控股，333家为政府参股。1989年，所有部门的国有企业的产值占当年GDP的25%，[①] 就业人数占就业人口总数的1/4。这些企业在能源、交通、通信、供水和医疗等与国家经济和人民生活密切相关的领域发挥着绝对主导作用。

政府主导的经济发展政策促进了经济发展和工业化进程。据统计，1960年马来西亚三大产业增加值占GDP比重分别为40.5%、8.6%和44.6%，到1988年则调整为21.2%、23.9%和42.2%，产业结构得到较大改善，已经摆脱了其原来的殖民地经济特征。这一时期GDP增速也长期维持在6%以上，贫困问题得到了一定的缓解（见表1）。但是，上述政策也造成了低效运营和资源浪费。上述产业政策还包含了不少政治考量因素，造成了经济运行的扭曲。比如对原住民的片面保护，使得其他民族资本投资的积极性减退；政府片面要求马来人担任企业高管，由于他们缺乏管理经验，使大量国有企业长期陷入亏损。根据马来西亚财政部发布的1989年度经济发展报告，非金融类国有企业中亏损的大约有625家，占总数的54%，累计亏损额达23亿林吉特。[②]

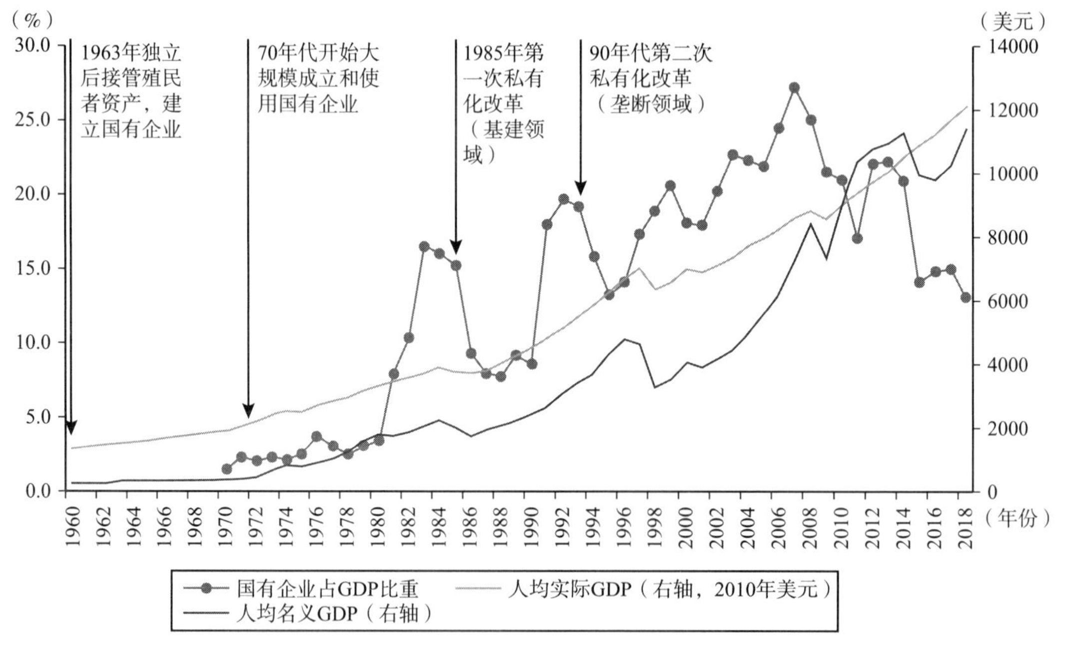

图2　1970～2018年马来西亚非金融类国有企业占GDP比重

资料来源：CEIC数据库，笔者测算。

① Christopher Adam, William Cavendish and Percy S. Mistry. Adjusting privatization: case studies from developing countries, London: James Currey, 1992, pp. 211, 272.

② 林梅：《马来西亚国有企业私有化的进展和成效》，载《当代亚太》1998年第11期，第48～51页。

表 1　　1961～2019 年马来西亚主要经济指标（平均值）

年份	GDP 增速（%）	国有企业占 GDP 比重（%）	人均名义 GDP（美元）	失业率（%）	平均 CPI（%）
1960～1969 年	6.5	—	288	—	0.8
1970～1979 年	8.2	2.5	815	—	5.5
1980～1989 年	5.9	10.4	1964	6.1	3.7
1990～1999 年	7.2	16.6	3589	3.4	3.7
2000～2009 年	4.8	22.2	5634	3.4	2.2
2010～2019 年	5.4	17.9	10439	3.2	2.3

数据来源：CEIC 数据库，作者计算。

1985 年马来西亚经济发展陷入停滞，为应对经济危机，政府减少了对国有企业的补贴。同时，在英国等西欧国家进行国有企业改革的背景下，马来西亚也开始了对国有企业的改革，并于 1985 年由总理府经济计划署（EPU）发布了《马来西亚私有化指南》，提出了国有企业私有化的五个目标：第一，减轻政府的财政负担和行政管理；第二，提高效率和经济活动的生产率；第三，鼓励经济增长；第四，缩小公共部门在经济中的规模和参与程度；第五，协助实现国家发展政策的目标。这一时期，私有化改革的对象主要是基础设施领域的国有企业，主要针对发电、自来水、污水和垃圾处理、海港、机场等领域，政府根据企业性质和经营状况，分别采取了产权出售、租赁、合同承包、建设—运营—转让（BOT）等多种形式向社会投资者招标，并对参与私有化的本土和外国资本提出了资质要求。

1991 年 6 月，马哈蒂尔提出了旨在代替“新经济政策”的“国家发展政策”，强调经济的快速发展应优先于种族间的财富分配，并提出政府要放松对某些行业的管制，开始第二轮的私有化改革。这一时期，改革的重点是垄断性国有企业，私有化的对象集中在电力、石油、交通和电信等领域，主要是采取股份制特别是上市的方式进行私有化，即在完成企业化经营、公司化改造的基础上，具备条件的企业通过上市成为公众公司，通过资本市场放大国有资本的功能，如马来西亚国家电信、国家发电等企业已经成功上市，并成为吉隆坡证券交易所最好的股票之一。马来西亚航空公司（Penerbangan Malaysia）、马来西亚国家石油公司（Petroliam Nasional Berhad）等企业虽然仍由政府控股，但通过实行公司化改革，其组织形态、管理方式和经营机制都发生了很大变化。据《马来西亚 1998 年经济报告》中的统计数据，州办的国有企业已有一半被拍卖，转为私人所有，马来西亚私有化的成效也得到了国际货币基金组织（IMF）、世界银行等国际组织的认可。

尽管经历了两轮私有化改革，今天国有企业在马来西亚经济中依然发挥着重要作用。据《马来西亚 1998 年经济报告》中的统计数据，1997 年非金融性国有企业产值占 GDP 的 10%。根据马来西亚国家银行的数据，2018 年非金融国有企业盈余达 962.1 亿林吉特，占 GDP 的 6.7%；政府对非金融国有企业财政支出 788.5 亿林吉特，占 GDP 的 5.5%。①

目前马来西亚政府通过政府关联投资公司（government-linked investment companies，GLIC）和政府关联公司（government-linked companies，GLC）两级体系进行管理。马来西亚政府控制着七家政府关联投资公司：财政部公司（MOF）、国库控股（Khazanah）、雇员公积金局（EPF）、朝圣基金局（LTH）、武装部队基金局（LTAT）、公务员退休基金（KWAP）和国民投资公司（PNB）。这些政府关联投资公司又分别投资管理着各种政府关联公司（即国有企业），根据戈迈兹（Terrence Gomez，2017）估计，政府直接或间接投资控制的国有企

① 马来西亚央行网站，https://www.bnm.gov.my/index.php?ch=statistic_nsdp&lang=bm。

业有68000家。值得关注的是，在这七家政府关联投资公司控股的国有企业中，有35家上市公司，而这些公司的市值则占据了马来西亚股票市场总市值的42%。①

以马来西亚国库控股公司（Khazanah）为例，作为一家1993年成立的政府关联投资公司，该公司由财政部完全所有，主要目标是持有能够带来长期经济回报的战略资产。其投资的公司遍布能源、电信、金融、基建、房地产、医疗、航空等领域，规模较大且投资收益较高。国库控股公司有着良好的运行声誉，2004～2017年，其控股的一些核心公司在回报率方面表现不俗：马来西亚电讯公司为15%，马来西亚国际商业银行（CIMB）为11%，马来西亚机场控股集团为17%，马友乃德集团（UEM）为10%，马来西亚综合保健控股有限公司（IHH Healthcare）为15%。国库控股公司的可变现资产价值（RAV）也从2004年的510亿林吉特增长到2018年的1360亿林吉特，年增长率为7.3%。

三、经验和启示

通过细致梳理印度、马来西亚两个典型国家国有经济发展历程，同时结合其他新兴市场国家的历史实践，我们得到以下三条经验和启示。

第一，在经济发展初期，国有企业在推动发展中国家工业化过程中往往起着非常重要的作用。二战以后，印度和马来西亚等原殖民地国家纷纷获得了民族独立。通过对印度和马来西亚这两个典型例子的分析，我们可以发现如下共同点：这些国家独立前的原有经济体系大多服务于宗主国的经济利益，在整个经济体系中扮演原材料供应国和工业品市场的角色，位于世界经济体系的外围地带。为了更好地实现国家经济利益，这些新独立国家都追求快速实现工业化，在国内经济基础薄弱、市场制度不完备且缺乏外来资本支持的条件下，政府通过国有企业这种方式来直接干预经济就成为这些国家的普遍选择。国有企业的来源往往有两大渠道：一是独立后新政府通过接管殖民者留下的企业和资产，建立国有经济的基础；二是政府通过国有化和新建投资等方式，在特定领域建立和强化一批国有企业。虽然采取的方式有所差异，对国有经济发挥作用的方式各有侧重，但国有经济在这些前殖民地国家的经济发展和工业化进程中都起到了重要作用，如印度在尼赫鲁时期通过公共部门主导的混合经济模式推动了工业化，而马来西亚在20世纪70年代后则通过“新经济政策”发展国有企业来推动工业化。从结果来看，国有企业为这些国家发展民族经济、摆脱原有殖民地经济体系起到了重要作用；通过占领“经济制高点”，这些国家在不同程度上实现了从殖民地经济向工业化社会的转型。对于低收入国家，应用好国有企业这张牌，加大国有企业在建筑工程、电力能源、石油化工、金属冶炼、交通通信等上游基础性行业的投资，有助于调动国内的“沉睡资源”，弥补本国在关键产业的投资短板，从而推动工业化进程。

第二，要正确看待国有经济相对规模的动态调整。在客观评价国有企业在实现赶超发展过程中的重要作用的同时，也要认识到政府干预经济的手段是多种多样的，包括税收补贴、宏观调控、特许经营、产业政策等，而国有企业只是政府众多干预经济方式中的一种。在经济发展初期，受制于各种约束条件，很多干预手段难以应用，而通过国有企业这种方式来干预经济就具备了独特优势。这些约束条件包括：第一，经济发展初期投资缺口较大，国外和私人资本投资不足，依靠市场无法完全满足需求；第二，经济发展初期政府的财政汲取能力有限，市场监管能力有待加强，不具备大范围推行产业政策的条件；第三，经济发展初期存在着大量的“沉睡资源”，但由于各类要素市场尚不完善，交易成本很高，通过市场方式难以实现有效配置，相比之下国有企业可以更有效地盘活资源。但随着经济发展和市场环境的完善，上述约束条件逐渐得到缓解，而国有企业这种干预方式在某些领域的弊端开始凸显，因此可以适当调整

① GLICs control 68000 companies and 42% of Bursa Malaysia，https：//www. freemalaysiatoday. com/category/nation/2017/07/25/glics－control－68000－companies－and－42－of－bursa－malaysia/ .

政府干预经济的方式，用其他干预手段来取代国有企业，这也会造成国有经济部门在整体经济中占比的下降。

第三，国有经济改革的重点是优化国有资本布局结构，探索政府干预经济有效方式的最优组合。从各国的经济实践中可以发现，国有企业的行业分布越来越集中于以下三类领域：具有高度外部性的公共产品提供行业、具有规模效应和网络效应的自然垄断行业、关系到国家安全的关键战略行业。以马来西亚为例，虽然经历了数次国有经济调整，但国有经济的调整有着很强的产业政策目的，在不同行业有进有退，与此同时整体经济也实现了持续增长。而印度的国有企业改革受制于各种因素，国有经济的产业调整并没有完全服从上述规律，在一些竞争性领域依然无法完全退出，但却在一些关键产业中过快地退出，使得基础设施不足等情况普遍存在，妨碍了经济的长期发展。由此可以看出，对于发展中国家来说，国有经济未来改革的重点应是不断优化国有资本的行业布局，做到有进有退。比如在公共产品和自然垄断品提供行业，应探索政府干预的新形式，可以在引入所有制改革的同时加强政府的外部监管，推动企业不断完善内部管理，并保障其提供产品服务的质量。而在一些关乎国家安全、需要长期投入和基础性创新的领域，应该充分发挥国有经济的作用，降低这些产业发展的交易成本，培养未来长期经济增长的新动能。

参考文献

[1] 陈明华：《印度国有企业存在的问题与政府的对策》，载《东南亚》1995 年第 2 期。

[2] 国家国有资产管理局科研所课题组：《从国企存在的原因看国有经济结构调整（下）》，载《国有资产研究》1996 年第 6 期。

[3] 胡家勇：《国有经济规模：国际比较》，载《改革》2001 年第 1 期。

[4] 李俊江：《发展中国家国有企业的改革与借鉴》，载《世界经济》1996 年第 4 期。

[5] 李俊江、何枭吟：《印度国有企业改革及其绩效》，载《河南机电高等专科学校学报》2005 年第 2 期。

[6] 廖红伟、赵翔实：《国外国有经济发展演进的历史轨迹与启示》，载《江汉论坛》2014 年第 9 期。

[7] 林梅：《马来西亚国有企业私有化的进展和成效》，载《当代亚太》1998 年第 11 期。

[8] 綦海平：《发展中国家的政府干预与市场化》，载《世界经济》1990 年第 1 期。

[9] 孙培钧：《中印经济发展比较研究》，北京大学出版社 1991 年版。

[10] 汪异明：《国有企业存在原因的国际比较与我国国有经济结构调整》，载《经济研究参考》1996 年第 6 期。

[11] 武桂馥：《80 年代发展中国家的经济体制调整》，载《世界经济》1988 年第 9 期。

[12] 于光远：《经济大辞典》，上海辞书出版社 1992 年版。

[13] 张其佐：《发展中国家的国有经济研究》，载《四川大学学报（哲学社会科学版）》1990 年第 4 期。

[14] 周茂清：《发展中国家国有经济的发展》，载《世界经济与政治论坛》2002 年第 5 期。

[15] 周叔莲、黄速建：《国有制走到尽头了吗——从世界范围看国有经济的发展、改革和管理》，载《中国工业经济研究》1990 年第 1 期。

[16] Christopher Adam, William Cavendish and Percy S. Mistry. Adjusting privatization: case studies from developing countries, London: James Currey, 1992.

[17] OECD. State-owned enterprises in the development process. Paris: OECD Publishing, 2015.

[18] OECD. The size and sectoral distribution of state-owned enterprises, Paris: OECD Publishing, 2017.

[19] Shepherd, William G. Public enterprise: economic analysis of theory and practice. Lexington, Mass.; London: D. C. Heath., 1976.

[20] Shirley, Mary. Bureaucrats in business: the economics and politics of government ownership. Washington, DC: World Bank., 1996.

【国有经济前沿动态】

2020年国有经济发展理论热点研究综述

张 爽*

［摘 要］本文梳理了2020年我国学术界对国有经济若干热点问题的研究，综述了国有经济和民营经济的关系问题；归纳了学术界对“竞争中性”和“所有制中性”问题的不同见解；概括了关于如何推进国有企业混合所有制改革问题的新见解；梳理了关于提升国有企业创新水平与实现经济高质量发展的不同观点；总结了关于国有经济布局优化和结构调整的不同认识和建议；梳理了关于建立中国特色现代国有企业制度与公司治理问题的不同见解；对国有企业收入分配、激发和保护企业家精神以及国有资产监督管理体制改革问题也进行了简要梳理和总结。

［关键词］国有经济；国企混改；高质量发展；现代国有企业制度；收入分配

2020年是全面建成小康社会和“十三五”规划收官之年，是实现第一个百年奋斗目标、为“十四五”发展和实现第二个百年奋斗目标打好基础的关键之年。学术界围绕国有经济发展相关问题进行了大量深入研究和探讨，取得了一些新的研究成果，本文通过中国知网高级检索搜集CSSCI来源期刊（2020～2021年）、主流媒体和重要报纸，按照期刊影响因子和文献被引频次从高到低综合排序，现将一些重点问题和代表性学术观点梳理汇报如下。

一、关于国有经济和民营经济的关系问题

（一）坚持和完善社会主义基本经济制度

党的十九届四中全会对社会主义基本经济制度做出了新的概括，即“公有制为主体、多种所有制经济共同发展，按劳分配为主体、多种分配方式并存，社会主义市场经济体制”三项制度并列。对社会主义基本经济制度的新概括，学术界一致持肯定观点，认为这是对社会主义基本经济制度内涵的重要发展和深化，推动经济高质量发展必然要以坚持和完善社会主义基本经济制度为前提。

社会主义基本经济制度的新概括涵盖了社会主义所有制、分配制度和市场经济体制三个基本理论问题，是改革开放以来我国政治经济学基本理论问题的重大突破（葛扬，2020）。坚持“两个毫不动摇”明确了公有制经济和非公有制经济都是社会主义市场经济的重要组成部分，都是我国经济社会发展的重要基础。坚持和完善公有制为主体、多种所有制经济共同发展将有助于进一步激发各类市场主体的活力，增强经济高质量发展的微观动力（谢伏瞻、蔡昉等，2020）。公有制为主体、多种所有制共同发展的混合所有制经济制度作为我国社会主义基本经济制度的重要内容，有利于促成市场和政府两个优势的发挥，同时避免市场和政府两个失灵，是经济高质量发展和建设现代化经济体系的重要保障和制度基础，必须一以贯之地坚持和贯彻。“十四五”时期我国所有制结构优化调整必须坚持和完善以公有制为主体、多种所有制共同发展的混合所有制经济制度，深化混合所有制改革，推进我国经济所有制结构更加适合经济高质量发展和建设现代化经济体系的需要（中国社会科学院经济研究所课题组、黄群慧，2020）。从社会主义制度优越性出发，以公有制为主体、多种所有制经济

* 张爽，吉林财经大学马克思主义学院助教，吉林大学经济学院博士研究生（长春，130012）。

共同发展的所有制结构格局是中国共产党领导中国人民进行改革开放实践的伟大创造（杨春学、杨新铭，2020）。我国必须毫不动摇地巩固和发展公有制经济，毫不动摇地鼓励、支持、引导非公有制经济发展，这既是我国社会主义初级阶段社会生产力发展的内在要求，更体现着社会主义制度的优越性。

（二）新时代国有经济功能定位

改革开放以来，我国国有经济在国民经济中的布局和结构都发生了很大的变化，学术界曾有较长一段时间在如何看待国有经济的地位和作用上存在理论认识上的分歧，也展开过激烈的讨论。梳理2020年相关文献发现，目前学术界已普遍认同国有经济在国民经济运行中具有基础性作用、关键性作用、经济稳定器作用，国有经济仍然是我国经济社会发展的重要力量。国有经济在我国国民经济中的定位和角色由我国基本经济制度、经济发展阶段、科技发展水平、市场竞争程度等因素共同决定。国有经济的功能具有基础性、动态性、广泛性，主要体现在主导经济发展的基本取向、提升产业和区域的经济竞争力、实现国有资本的保值增值等方面（剧宁、戚聿东，2020）。国有经济在快速建立完整工业体系、国家安全和民生保障、与非公有制经济高度融合发展、贯彻中央经济政策等诸多方面均发挥了关键性作用（李政，2020）。通过梳理国有经济70年发展改革的历程，可以看出作为国民经济的主导力量，国有经济70年的发展改革为“中国奇迹”做出了巨大贡献，其经验主要有两个方面：一是坚持和加强党的领导，但是党的领导不只是党组织的建设，实际上是党的领导和国有经济制度与治理体系现代化的深度融合和有机结合；二是以人民为中心，为人民谋福祉，体现全民所有制的社会主义性质，离开了这一点，国有经济就没有生命力（李政，2020）。

（三）国有企业与民营企业的关系

对于国有企业与民营企业之间的关系，目前学术界基本摒弃了两者之间相互对立的观点，而更多地从功能结构互补、良性竞争的角度看待两者之间的关系。从维护国家经济利益和提高国家竞争力的角度出发，要将国有企业和民营企业纳入国家企业的框架中，推动中国在新一轮国际竞争中取得更多的优势地位（宋冬林、李尚，2020）。国有经济与民营经济协同发展必须以习近平中国特色社会主义经济思想为指导，以解放和发展生产力为根本目标，通过市场机制实现国有资本和企业与民营资本和企业的资源配置协同，通过发展混合所有制经济实现国有资本与民营资本的产品供给协同，通过优化市场环境实现国有企业与民营企业的发展协同，进而充分发挥国有经济和民营经济各自的比较优势，完善社会主义现代化经济体系，不断提高生产社会化程度和经济发展质量（江剑平等，2020）。在社会主义市场经济体制中，政府与市场都有着自己的功能和作用边界，政府和市场在各自领域都可以充分而有效地发挥作用，政府作用和市场作用不是对立的，不能以为强市场就一定是弱政府、强政府一定是弱市场（刘灿，2020）。在全球经济大变局和下行压力加大的背景下，有学者从时间维度出发认为中国经济的短期与长期发展策略应有差异：短期内要以稳投资增长为主，内外并重，国有、民营兼顾；长期中必须继续实施供给侧改革、要素市场改革以及国有经济部门改革，重视民营经济，加快服务业对外开放，通过开放来倒逼改革（袁志刚，2020）。在评价民营企业和国有企业的有效性时，有学者指出要考虑到国有经济在承担社会责任和稳定宏观经济方面的政策功能（王勇，2020）。中国经济进入新的历史发展时期，为保障我国经济尽快企稳上行，有专家从财政政策和货币政策角度给出政策建议：要加快国企改革，壮大民营经济，通过微观经济主体的效率提升来延缓长期增长率的下行；将积极的财政政策重心从增加政府支出转向减税，将政府支出重心从基础设施转向鼓励创新；实施积极的货币政策，将积极货币政策的重心从降准转向降息（胡永刚等，2020）。

（四）“竞争中性”和“所有制中性”原则的论述

近年来，社会上关于“国退民进”与“国进民退”的争论一直未曾停止。2020年学术界普遍认同我国已经形成了公有制为主体、多种所有制共同发展的所有制结构，讨论的热点上升到如何在公有制经济和非公有制经济之间、国有企业和民营企业之间营造公平的竞争环境，最终实现我国经济整体上的高质量发展。

“十三五”时期公有制经济与非公经济之间所有制结构趋于稳定的变化特征，笼统地认为是“国进民退”或者“国退民进”已经没有太大的意义，问题的关键是国有经济与非公有制经济是否具有公平竞争的环境。有学者指出，“十四五”时期要进一步巩固与加强竞争政策基础性地位，着力加强对竞争中性原则与所有制非歧视原则（“所有制中立”原则）的确立与实施，不能让参与市场竞争的企业因所有制不同而享受不同的市场待遇或者处于不同的市场竞争地位，要明确做到两个“避免”：避免政府因企业所有制的不同而为其在市场竞争中设置不同的规则，避免政府在涉及跨国竞争需要制定国际规则时给予国有企业歧视性待遇（黄群慧，2020）。有学者认为，提出多种所有制企业高质量共同发展是多种所有制经济共同发展的高级形态和高阶范式。“高质量共同发展”意味着不同所有制企业具有更加平等的角色定位、更高质量的营商环境、更为协调的竞合关系和更可持续的发展贡献。针对多种所有制企业共同发展面临的现实问题，要从完善法律制度、优化营商环境、完善要素市场化配置等政策措施着手（中国社会科学院工业经济研究所课题组、史丹，2020）。竞争中性原则是社会经济发展中的一个重要创新，是优化政府干预与市场发展的重要抓手，符合中国的根本利益，措施得当可以有力地促进中国的发展与崛起。当前美国试图以竞争中性原则为借口，延缓中国的发展，中国应积极实施竞争中性原则，不断推进改革开放和市场深化，促进自己的全面提升，借以动员全世界的优质资源为我所用，壮大推动我国发展的力量（彭波、韩亚品，2020）。建设开放型经济新体制需要让外资企业和内资企业、进口和出口、资金流入和资金流出等各类企业和各种经济活动在资源获得、竞争地位和受法律保护各方面处于平等地位，无须再特别强调某个方面并给予政策优惠，而是让市场机制在利用两种资源和两个市场方面更多地发挥作用（谢伏瞻、蔡昉等，2020）。个别学者提出，国有经济比重高的地区在资源配置过程中还存在着信贷歧视、准入歧视和地租歧视，扭曲了要素的边际生产力，引发了大城市“离心力”效应的弱化甚至消失，导致要素不断从周边地区涌入国有经济集聚的大城市，从而推高了首位城市的集中度，形成了“一股独大”的城市规模分布形态（金田林等，2020）。

二、关于国有企业混合所有制改革问题

学术界普遍认同我国公有制为主体、多种所有制共同发展的所有制格局已经基本成熟。目前，混合所有制已成为国有企业常见的组织形式，混合所有制改革仍作为深化国有企业改革的重要突破口。部分学者认为国企混改要分类推进，并对如何进行分类推进提出了不同的见解；部分学者认为国企混改重在落实，并对如何更好落实给出了不同的方案。

（一）国企混改要分类推进

新一轮国有企业混合所有制改革的内涵和任务已有显著变化，混合所有制改革要根据国有企业的不同功能定位进行，明确分类改革才能深化国有企业改革，确保国有经济的控制力和影响力，提出新一轮混合所有制改革可从“分类、分层级、分隶属”三个方面推进，分商业类和公益类、母公司和子公司、央企和地方国有企业三个方面展开（盛毅，2020）。有学者通过实证研究给出了更具体的方案，认为竞争类国有企业应进一步弱化行政型治理，完善经济型治理，加快高管激励机制的市场化进程；公益类国有企业应积极探索更全面的高管激励机制（姬怡婷等，2020）。有学者提出“混合出资人模式”，认为在国企分类改革下，有必要确立集权模式与双重模式并行的混合出资人模式。针对商业类国企应采用国资委集权出资模式，由国资委专司“管资本”，剥离其监管企业的职能；而针对公益类国企应采用功能双重出资模式，由多个部门分工协作，既“管资本”也“管企业”，实现有效监管的职能（袁碧华，2020）。有学者从国有

企业的性质、功能和层级具有差异性出发，认为未来国有企业的混合所有制改革应当基于效率观、资源互补观来分类分层推进，将现有的混改“试点推进”制度改为“负面清单”制度，不断完善混合所有制改革的配套披露制度，这是加快混合所有制改革的重要制度基础（毛新述，2020）。

（二）国企混改重在落实

新时代深化国有企业改革，要站在“两个大局”的高度来系统思考、协同推进，国企改革三年行动能否真正对国有企业改革发展起到决定性作用，关键还在于能否有效落实（黄群慧，2021）。如何更好地落实国企混改，学者们从不同角度给出了各自的解决方案。

深化国有企业改革是一项复杂的系统工程，推进过程中一定要注意国有企业功能定位、推进混合所有制改革、建立以“管资本”为主的国有资本管理体制和完善国有企业现代企业制度等各项改革任务和政策措施的系统性、整体性和协同性。有学者认为，目前推进混合所有制改革另外一个非常突出的问题是“混而未改”，也就是存在国企混改从股权上完成了国有和非国有股份的混合，但是公司治理结构、国资委管理方式并没有发生根本性变化，国资委还将国有控股的混合所有制企业与国有企业一样进行管理。总体而言，微观层面不断深化国企的混合所有制改革，国有资本从主要集中在国有独资企业逐步转向混合所有制企业，但国有企业内部治理结构的规范化、科学化还有待提高。“十四五”时期深化国企国资改革，不仅要服务于国企国资自身的高质量发展，更为重要的是一定要服务于整个经济的高质量发展。“十四五”时期国企国资改革的目标，应该重“质”轻“量”，不再过于看重国有资本占整个国民经济的具体比例高低的“数量目标”，而应更加看重优化国有资本分布、促进国有资本更好地实现其功能定位和使命要求的“质量目标”，着重解决国有资本“大而不强”“大而不优”的问题（中国社会科学院经济研究所课题组、黄群慧，2020）。按照“三个有利于”标准，下一阶段国有企业改革的着力点应该从优化国有经济布局、推进产权制度改革、推进国有企业混合所有制改革、完善国有资产管理体制、完善公司治理结构五个方面推进（杨瑞龙，2020）。有学者提出，通过员工持股可以充分激发国企职工积极参与意识，混改企业的活力也会被释放出来（袁德富等，2020）。有学者认为，深化国有企业管理制度的改革，应该逐步放松行业管制，引入非国有资本，不断促进和完善国有企业的竞争机制和退出机制，逐渐淘汰上游国有落后产能（杨红丽等，2020）。

三、关于国有企业创新与高质量发展问题

创新驱动发展战略实施以来，我国国有企业创新能力持续提升，在很多方面都取得了显著成效，但仍有很多领域还需要进一步提升和突破，以适应我国经济的高质量发展。2020 年学术界对国有企业的创新发展给予了高度关注，对国有企业创新与经济高质量发展从理论层面和实证分析角度进行了大量研究。

（一）国企创新

一个国家国有经济竞争力水平的高低关键取决于其国有企业的创新能力水平。对于如何增强国企创新能力，学者们从不同的研究视角、运用不同的研究方法各抒己见。有学者认为，要进一步完善中国特色现代国有企业制度，提高国有企业治理体系和治理能力现代化水平，充分发挥国有企业家的作用，增强其创新的使命感、责任感和动力（李政，2020）。有学者通过实证研究发现，混合所有制改革会显著促进国有企业创新（宋冬林等，2020），进一步研究发现，国有参股相较国有控股和国有民营化等混改形式更有利于促进创新，混合所有制改革主要通过获得政府补贴和降低管理成本这两个途径来促进企业创新（杨运杰等，2020）。有学者研究发现，非国有股东治理水平与国企创新显著正相关，即非国有股东股权治理程度和董事会治理程度越高，国企创新水平越高。进一步研究发现，在政府放权意愿高和一般商业类国企中，非国有股东治理对创新的促进作用更加显著。因此，国企混合所有制改革不仅要在股权结构层面进行“混”，更要

在董事会结构层面实现“合”，以充分发挥非国有股东治理的优势，提升国企创新水平（王春燕等，2020）。相比于一直保持国有性质的企业，进行民营化改制的国企具有更低的研发投入和更少的专利申请数，表明国企民营化改制降低了企业的创新水平（熊家财等，2020）。有学者研究表明，增大知识溢出系数和协同收益系数、减小合作风险系数和协同交流成本能够促使国企私企相互进行研发合作创新；相对国企而言，着重提升私企知识溢出能力、建立健全私企风险防范机制、降低私企协同交流成本可以更加有效提升混改过程中国企私企研发合作创新水平（宋美等，2020）。有学者指出，分红权激励改革后试点央企的创新水平显著提升（曹春方等，2020）。股权多样性越丰富、股权制衡度越高则创新绩效越好，股权集中度越高创新绩效越差；董事会中行政型董事比例弱化了股权多样性对创新绩效的促进作用，强化了股权集中度对创新绩效的抑制作用；董事会中经济型董事比例强化了股权多样性和股权制衡度对企业创新绩效的促进作用（李小青等，2020）。有学者认为，市场化进程显著推进了中国高技术产业的技术进步，市场化进程的这种推进作用主要是通过提高资本配置效率、增加研发投入、促进技术扩散等机制实现的（戴魁早等，2020）。

（二）实现经济高质量发展

党的十九届四中全会对社会主义基本经济制度作做了新的概括。学术界普遍认同坚持社会主义基本经济制度是实现经济高质量发展的根本制度保障，要在坚持公有制经济主体作用的基础上积极探索公有制的多种实现形式，把完善高水准社会主义市场经济体制和建设高水平开放型经济新体制相结合，推动经济高质量发展（任保平，2020）。为实现我国经济从高速增长向高质量发展的历史性跨越，完成从富到强的华丽转身，实现中华民族伟大复兴的中国梦，更加需要进一步坚持、完善社会主义基本经济制度（谢地，2020）。而“社会主义市场经济体制”作为经济运行层面的一项基本经济制度，它的完善和发展是推动高质量发展的重要制度支撑和体制保障（周泽红，2020）。

就如何实现高质量发展，学者们从不同角度进行了观点阐述。有学者认为，我国要实现高质量发展，必须把核心技术掌握在自己手里，这仅依靠民营经济是不够的，国有经济、国有企业和民营经济、民营企业都是我国科技创新的主力军和生力军，国有经济的创新力决定国有经济的活力和竞争力（李政，2020）。有学者认为，混合所有制结构优化对经济高质量发展具有显著促进作用（莫龙炯，2020）。有学者提出，推动“十四五”期间高质量发展的基本原则是发挥“有效市场”和“有为政府”的作用，按照比较优势发展各地经济（林毅夫，2020）。有学者认为，实现经济高质量发展不仅要注意“保持经济适度增长”这个重中之重，不过度追求经济高速增长，更要利用好丰富的劳动力、资本等资源，以及消费需求升级等物质支撑条件，并发挥好中国特色社会主义的制度优势，引领经济向高质量发展迈进（许光建，2020）。

（三）推动经济高质量发展

有关推动经济高质量发展的具体实现路径，学术界各持己见，可以大体概括为以下三种观点：部分学者认为，加强数字基础设施建设，推动新经济下的信息化和工业化的深度融合是实现我国经济高质量发的重要路径；部分学者认为，提升全要素生产率是实现我国经济高质量发展的重要途径；部分学者认为，提升科技研发水平是实现我国经济高质量发展的重要途径等。

1. 新基建论

以新经济来夯实产业基础能力，能够促进产业提质增效，推进新经济对传统经济的改造，增强传统经济的发展活力（任保平，李佩，2020）。有学者提出，数字经济引领高质量发展的路径在于促进企业数字化转型，引领微观经济领域实现高质量发展，具体要通过促进数字经济与实体经济的深度融合、打造平台经济和新业态经济、完善支持体系、促进新型基础设施建设等途径（任保平，2020）。有学者认为，“新基建”可以为中国经济高质量发展“赋能”，为有效发挥“新基建”的赋能效应，需要正确处理好传统基建与“新基建”、“建”与

“用”、政府与市场、创新与治理四大关系，促进中国经济数字化转型和高质量发展（郭朝先、王嘉琪、刘浩荣，2020）。有学者认为，基础设施投资既可以直接推动经济高质量发展，又可以通过影响产业结构、技术进步和资源配置间接促进经济高质量发展，且不同类型的基础设施投资推动效果具有明显差异（潘雅茹、罗良文，2020）。新型数字基础设施的建设和利用是我国经济高质量发展的基础依托（钞小静，2020）。还有学者提出，通过建立先进制造业工业云、促进先进制造业“走出去”、鼓励融资租赁优先服务先进制造业等方式，以数字化赋能引领先进制造业高质量发展（郑瑛琨，2020）。

2. 全要素生产率论

提高全要素生产率是提高国有企业资源配置效率、促进其高质量发展的重要途径（徐霓妮、王朋吾，2020）。有学者提出，要深化要素市场化配置改革，推动城市群经济发展体制机制创新，打造市场化、法治化、国际化营商环境，狠抓落实，为加快形成双循环新发展格局、推动“十四五”时期经济高质量发展提供制度保障（沈坤荣、赵倩，2020）。有学者认为，提升全要素生产率是实现高质量发展的核心源泉，因此，中国当前阶段追求高质量发展，应适当降低增长速度预期，更加注重供给侧结构性改革，通过加速结构转换来促进全要素生产率提升（刘志彪、凌永辉，2020）。有学者认为，高质量发展并不仅仅是全要素生产率提高、产业转型升级和技术进步，还要从完善要素市场入手，通过要素市场化配置解决要素错配与扭曲和创新不足问题、降低基础性成本，必须把资源的最优配置与经济社会的激励结构结合起来（卢现祥，2020）。

3. 科技研发水平论

有学者构建了指标体系，通过实证研究发现，我国中西部地区经济高质量发展水平低于全国均值，经济创新发展和经济开放发展指数不高是其主要原因。经济高质量发展水平与科技研发阶段创新指数呈 U 形曲线关系（肖仁桥、沈路、钱丽，2020）。有学者研究发现，高技术产业集聚对经济发展数量和经济发展质量的影响均具有门槛效应（马昱、邱菀华、王昕宇，2020）。有学者认为，金融科技有助于发挥资源配置效应和创新效应，我国应积极深入推进金融科技体制机制改革，为推动我国经济高质量发展提供重要能量（薛莹、胡坚，2020）。

四、关于国有经济布局优化和结构调整问题

2020 年 11 月 2 日，中央全面深化改革委员会第十六次会议指出，推进国有经济布局优化和结构调整，对更好地服务国家战略目标、更好地适应高质量发展、构建新发展格局具有重要意义。国务院国资委党委书记、主任郝鹏在《激发各类市场主体活力》中指出，加快国有经济布局优化和结构调整，是激发国有企业活力的重要前提。2020 年学术界对如何优化国有经济布局和结构调整提出了不同的观点和解决方案。

从国有资本呈现“大而不强”“大而不优”的格局出发，有学者认为从“做强”角度看，国有资本“做强”目标没有很好地实现，还体现在国有企业创新能力方面；从“做优”角度看，国有资本的行业布局优化目标并未很好地实现。国有资本布局调整的方向更多是受到“逐利”导向的驱使，而非政府理性布局的“公益”定位驱使，“十四五”时期应该更多向“公益”定位倾斜（中国社会科学院经济研究所课题组、黄群慧，2020）。在“十四五”期间，对于国有企业的战略调整和布局要遵循以下三个原则：一是国有企业改革要更好地适应高质量发展的要求；二是国有企业改革要更好地服务整体国家要求；三是国有企业改革要更好地满足协同推进改革要求（黄群慧，2020）。

针对我国国有资本存在布局规模过散、行业分布过宽、产业结构不合理、区域发展不平衡、国有企业资本规模小且竞争力不强等问题，有学者认为需要从国家层面进行顶层设计与统筹规划，以国有资本平台为抓手，合理处置国有企业存量，扩大优质增量，充分发挥国有资本在基础性和关键性行业领域的保障作用，提升国有资本的运营效率（刘红娟、刘现伟，2020）。国有资本调整和优化的核心是增强国有资本的控制力、影响力和经营效率，重点解决国有资本“投向哪里”以及“投入多少”

的问题。国有资本要承担社会公共功能，具有保值增值的“逐利性”特征。应从国家、行业、区域、企业四个维度重构国有资本布局，加快推进国资监管体制改革，研究制定国有资本布局优化的整体方案，积极推进混合所有制改革，大幅提高国有资本证券化水平以促进资本流动，建立以资本增值率为核心的长期考核激励机制，加快清理和推动低效无效国有资本退出（刘现伟、李红娟、石颖，2020）。并通过案例研究提出推进国有资本布局优化调整的建议：通过战略性兼并重组，整合产业和集聚资源，发挥规模效应，做大国有资本总量，提高资本回报率，优化国有资本行业布局；通过国有资本证券化、整体上市或核心业务上市，把国有资本向优势主业板块集中，提高资本的使用效能，推动国有资本向大而优方向发展，优化国有资本配置；引入战略投资者，通过外部股东促进法人治理结构完善和经营机制转变，充分发挥国有资本功能扩大效用，优化国有企业布局（李红娟、刘现伟，2020）。

在我国经济中，国有资本和国有企业在上游产业多处于控制地位，国有经济部门比非国有经济部门具有更高的垄断性，国有经济的垄断更多体现为自然垄断，而非行政垄断。下一步国有经济可在5G、工业互联网、大数据等新型基础设施领域的关键核心及公益环节加强布局，发挥“举国体制”优势，采取适度自然垄断，引领“新基建”跨越发展。国有企业可加快数字化智能化转型，与民营企业分工合作，共同发展网络教育、线上诊疗、远程办公、电子政务、智慧社区等社会资本缺乏长远规划、优质供给相对不足的“互联网+公共服务”（黄昕、平新乔，2020）。

五、关于中国特色现代国有企业制度建设与公司治理问题

（一）现代国有企业制度建设

建立中国特色现代国有企业制度是国企改革再出发的根本遵循。2020年，学术界从方法论、制度依据、法制建设等方面对如何完善现代国有企业制度提出了若干观点。深化对中国特色社会主义国有企业管理理论的概括和研究，应继续以马克思主义政治经济学辩证唯物主义和历史唯物主义的总体方法论为指导，而不是简单地用西方企业管理理论对中国国有企业管理体制进行机械化、教条化的套用（张旭、王天蛟，2020）。中国特色现代国有企业制度是在借鉴现代企业制度一般性制度的基础上，充分考虑中国国有企业的实际情况，将中国共产党的领导和中国国有企业长期积累的职工民主管理等优秀文化嵌入企业而形成的制度集合。中国特色现代国有企业制度建设需要遵循党的领导原则、经济效率原则、民主管理原则和共享发展原则（黄华，2020）。面对新形势新任务，深化国有企业改革需要多目标统筹兼顾，注重完善国有企业现代企业制度与坚持国家基本经济制度相结合，协同解决国有企业产权结构问题以及国有资本产业布局问题，加强国有企业党建工作与管理工作有机结合，关注扭亏增盈的同时加强国有企业自主创新，协同推进国有企业改革与发展（张富禄、张丽丽，2020）。有学者认为，深化国企改革需要进行相关法律制度完善和创新。从合理确定股权比例的角度，要综合考虑国有股权占比问题，探索充分竞争领域国企退出机制，增强关系国民经济、国家安全领域国企的国有资本控制力；从完善现代企业制度的角度，要探索国资监管新模式，实现政企、政资分离；从完善国企法人治理机制的角度，要构建党委会与股东会、董事会协商治理机制，改进对国企管理者和员工的激励机制；从防止国有资产流失的角度，要构建国有资产交易优先权的法律保障机制（高岩、王景通，2020）。有学者认为，我国深化国有企业改革应明确国有企业的法人性质，注重国有企业形式与实质独立性的完善，以市场化夯实国有企业独立的基础，建立起完善的现代企业制度，提升国有企业在全球经济活动中市场主体的适应性（王崇能，2020）。

（二）国有企业党建工作

习近平总书记在全国国有企业党的建设工作会议上强调，要通过加强和完善党对国有企业的领导、加强和改进国有企业党的建设，使国有企业成

为党和国家最可信赖的依靠力量，成为坚决贯彻执行党中央决策部署的重要力量，成为贯彻新发展理念、全面深化改革的重要力量。坚持党的领导、加强党的建设是我国国有企业独特的政治优势，在国企深化改革的关键阶段发挥着重要作用。学术界普遍认同党建工作在国有企业发展中的重要作用，围绕如何更好地开展党建工作，学者们各抒己见。

深化国有企业改革，完善中国特色现代企业制度，必须牢牢把握两个“一以贯之”，坚定不移地推进党建工作与生产经营深度融合，要深刻认识“为什么融”的重要意义，准确把握“怎么融”的内在逻辑，系统推进“融什么”的制度创新（连庆锋，2020）。坚持和加强党对国有企业的领导，其理论逻辑在于国有企业是党执政兴国的重要支柱和依靠力量，领导方向是政治领导、思想领导、组织领导的有机统一，实践路径是把党的领导融入公司治理各环节、把企业党组织内嵌到公司治理结构之中（姬旭辉，2020）。国企改革要始终坚持“政治逻辑”和“经济逻辑”的齐头并进，将党组织“嵌入”按照现代企业制度所构建的公司治理之中是实现政治逻辑与经济逻辑协调融合的重要抓手。党组织参与国企公司治理，不仅可以有效抑制国企的内部人控制问题，还能与国企的经济效益目标协调融合（楼秋然，2020）。有学者通过实证研究发现：“三重一大”事项集体决策制度能显著提升国有企业投资效率；党组织治理的嵌入程度越深，集体决策制度对国有企业投资效率的改善效果越明显；与地方国企相比，集体决策制度对中央国企投资效率的改善效果更突出。可以看出，有必要加强党对国有企业的政治引领作用，充分发挥企业党组民主讨论机制在形成重大事项前置性决策意见中的制度优越性（李万利、徐细雄，2020）。进入新时代，国企党建工作也面临着供给侧结构性改革、大数据互联网等新技术提出的新挑战，要创新党建工作方法，发挥新媒体正向作用，运用网络动员创新国企党建服务体系（徐明，2020）。

（三）公司治理问题

探索公司治理新模式是协调推进混改的一项重要内容。2020 年学术界围绕公司治理问题的作用、意义、路径给出了不同观点。有学者通过实证得出，在新一轮混改中，国有股权减持力度与国企股权融资成本呈显著负相关关系，而在此过程中股权制衡机制和董事会治理机制水平的提升起到了中介作用。此研究结果印证了混改《国务院关于国有企业发展混合所有制经济的意见》提出的促进股权多元化和建立健全公司治理机制两个要求的经济效果，为国企混改的进一步推进和深化提供了实证依据（杨丹、陈希阳、胡舒涵，2020）。有学者从股权结构角度研究发现：股权结构变动与国有企业资本配置效率正相关，即股权结构变动可显著提升国有企业资本配置效率；公司治理与国有企业资本配置效率正相关；公司治理对于股权结构变动影响国有企业资本配置效率具有正向调节作用（李明娟、金海钰，2020）。国企混改的股权结构和高层治理均提高了企业多元化经营的价值，在国企混改优化多元化经营行为的路径中，股权结构发挥了减负效应与治理效应，非国有股东委派高管主要发挥了治理效应（杨兴全、任小毅、杨征，2020）。有学者从分类角度通过实证得出，不同公司治理机制会因不同市场竞争环境而发挥不同作用：相对于竞争性国有企业，监督型治理机制更能促进垄断性国有企业的盈余持续性；相对于垄断性国有企业，咨询型和激励型这两类治理机制更能促进竞争性国有企业的盈余持续性（雷倩华、钟亚衡、张乔，2020）。此外，混合所有制改革对国有企业分红行为具有积极的促进作用，引入非国有股东的混合所有制改革能够提高国有企业治理水平，保障中小投资者权益，促进资本市场健康发展（黎文飞、马新啸，蔡贵龙，2020）。

六、关于国有企业收入分配及激发保护企业家精神问题

（一）国企薪酬

关于国有企业收入分配问题，学术界呈现不同的观点。从公平角度出发，大部分学者认同国企高管限薪政策；从员工激励角度来讲，学者们又普遍看到限薪政策存在明显的效率损失；也有学者提

出，应该在国企分类改革的基础上对不同类型国企的高管采取不同的激励机制。

有学者认为，继续将“限薪令”推广到省、市一级国有企业，是实现收入分配在公平与效率之间取得平衡的必要举措（梁峰、刘扬、张小红，2020）。也有学者通过实证得出，2009 年、2012 年、2014 年三次限薪政策都显著抑制了国有企业全要素生产率的提升，三次限薪政策对于规模异质性和成长异质性国有企业全要素生产率的作用存在差异（黄贤环、王瑶，2020）。可以看出，国企薪酬制度改革面临激励与管制的两难选择，有学者认为应在国企分类改革的基础上对不同类型国企的高管采取不同的激励机制：对营利性国企放松高管薪酬管制；对公益类及特殊行业的国企增强高管政治晋升激励（姚建峰、喻凡、甘家武，2020）。还有学者指出，相较于不受薪酬管制政策影响的非国企样本而言，薪酬管制政策抑制了央企的研发投入水平；股权激励有助于缓解薪酬管制对央企研发投入的负相关关系；薪酬管制政策对央企研发投入水平的抑制强度在不同功能定位的央企之间存在差异（王靖宇、刘红霞，2020）。

（二）企业家精神

2020 年 7 月 21 日，习近平总书记在企业家座谈会上再次强调要弘扬企业家精神，指出企业家要在各方面不断提升自己，努力成为新时代构建新发展格局、建设现代化经济体系、推动高质量发展的生力军。2020 年，学术界围绕企业家精神也展开了广泛的研究，学者们从不同角度分析了企业家精神对企业发展所起的重要作用，并对如何激发企业家精神提出了不同见解。

1. 企业家精神作用论

为了进一步提高国有经济的能力，应该注重对企业家精神的激励和保护（剧宁、戚聿东，2020）。企业家精神可以显著提升城市全要素生产率（李政、刘丰硕，2020）。激发企业家精神对高技术产业集聚有显著正向溢出效应（孔令池，2020）。有学者研究发现，员工企业家精神能够有效促进任务绩效和创新绩效提升，说明员工在工作中适度创新、主动冒险并不会扰乱工作节奏，为管理者提升组织战斗力和员工在工作中提升自身能力提供了新思路（甘罗娜、彭剑锋、许正权、马晓苗，2020）。企业家精神尤其是企业家创新精神，对于企业创新主体的建设具有积极的促进作用。我国当前的企业家精神在一定程度上滞后于企业创新主体的建设，迫切需要打造服务于我国企业创新主体建设的企业家精神（王一鸣、陈虎，2020）。企业家精神对经济高质量增长具有显著的直接促进效应，还具有通过影响地方政府进而影响地区经济高质量增长的间接效应（刘志永、冯子标、米雪，2020）。企业家在扶贫过程中可以充分发挥企业家精神，创新扶贫模式，助力扶贫攻坚事业。企业家参与扶贫最有效的方式，不是简单地捐款捐物或资助当地一个产业，而是要发挥冒险精神、创新精神和进取精神，这种用企业家精神扶贫的全要素模式兼顾了扶贫事业的短期、中期和长期效果，并激发了贫困群众主动参与扶贫项目，从而实现可持续脱贫（童泽林、冯竞丹、彭泗清，2020）。

2. 激发企业家精神对策论

有学者研究发现，高铁开通和智慧城市建设均显著提升了企业家精神（孔令池、张智，2020）。互联网能够直接对企业家精神产生促进作用，互联网发展不仅是新时代下弘扬企业家精神的助推力量，而且还有利于弥合中国中西部与东部地区之间的创业、创新差距（雷红、李言，2020）。经济增长依靠创新，而创新依靠企业家。中国企业家精神资本积累还很不足，这将影响中国经济增长方式的顺利转型，营造良好的创业环境、增加知识积累、维持平衡的市场结构，是促进企业家精神资本积累的有效途径（周大鹏，2020）。有学者把企业家精神的内涵界定为需求认知与创新创业，研究发现，企业家精神对经济增长的作用受需求结构的影响，且随着需求结构不断升级，企业家精神对经济增长的作用不断增强，其结论指出，在需求结构转变背景下，唯有发挥企业家精神需求认知、创新创业特征才能从供给侧有效突破需求侧制约，促进经济高质量发展（陈欢、庄尚文、周密，2020）。在中国经济增速持续放缓的背景下，有学者研究发现企业家创新精神主导下的创新型生产活动通过企业家人力资本的中介作用，能够把基础知识和想法转化为市场化商品，进而推动经济长期可持续增长，提出要进一步完善培育企业家创新精神的体制和环境，切实为我国经济增长方式的转变提供可依赖的路径支持（郑炫圻，2020）。

七、关于国有资产监督管理体制改革问题

党的十九届四中全会明确要求，形成以“管资本”为主的国有资产监管体制，这是以习近平同志为核心的党中央立足党和国家事业发展全局、对深化国资国企改革做出的重大决策，对于优化国有资本布局、发挥国有经济主导作用、促进国民经济持续健康发展具有十分重要的意义。围绕如何做好国有资产监督管理体制改革，2020 年学术界提出了不同的观点和对策建议。

通过对比传统中国国有资产管理的目标任务和进入中国特色社会主义新时代国资改革的客观需要，有学者提出新时代中国国资改革的关键在于实现宏观运行机制和微观运行载体的创新性结合，构建三层次国资管理体系，让国资委作为营利性国资的统一监管者，让国有资本投资运营公司作为企业的直接出资人，将国家战略运用于国有企业中，实现做强、做优、做大国有资本的重大变革（刘纪鹏、刘彪、胡历芳，2020）。在自上而下的治理路径中，监管系统和战略系统的构建与层层传导是核心作用机制；在自下而上的治理路径中，国有资本投资运营公司在内外部系统的动态平衡中建构自身的监管和战略系统，并将体制机制改革诉求与业务战略调整方向以向上反馈的方式参与治理；改革与创新主导着双向治理路径中的价值传递；无论是自上而下的推动力还是自下而上的影响力，企业能力始终是授权放权和支持力度的关键决定因素（张宁、才国伟，2020）。有学者认为，混改条件下国资监管应淡化国有控股和国有参股的区别，实行“分类监管，参控同管，逆向监管”，逐步实现“管企业”向“管资本”过渡，建立“大国资管理、高层次监督”的国资监管体系，贯彻“强监弱管、加强法治”的国资监管理念（沈昊、杨梅英，2020）。中央企业应将资本运营从手段和工具深化为改革和发展的理念，构建资本运营体系框架，形成以资本运营顶层设计为引领，以高效的组织结构、完善的制度体系、规范的工作流程为支撑，以专业的资本运营人才队伍、符合资本运营特点的配套考核机制为保障的运转高效的资本运营体系，为开展资本运营工作提供助力，实现向管资本转变（林旭阳、刘佳，2020）。为处理界权混淆带来的有害后果，立法者应以“分离监管权力与国有出资人权利”为中心，依照“明权（明晰监管权力）、去权（清理制度冗余）、限权（限制审批权力）”的路径，对国资监管进行逐步而全面的调整（陆宸，2020）。有学者研究发现，系统论视阈下国资委应当提供顶层防范型激励机制。短期内，国资委在政策上加大对国企母公司的奖惩可有效防范境外国有资产流失，而一味加大对子公司惩罚的力度无助于约束资产流失；长期看，国资委需要对母子公司均配有一定程度的威慑惩罚措施（马喜芳、浦再明、熊竞，2020）。有学者对国资监管体系存在的问题提出了针对性建议，指出国资监管体系、国企改革作为系统工程，要在现代企业制度建设、国资分类改革、经营性资本统一监管等各个层面建立起内生性联系，以构建相对统一完善的监管体系，来提高资本的运营效率，做大做强做优国有资本，实现国企改革的目标（赵斯昕、孙连才，关权，2020）。

参考文献

［1］曹春方、张超：《产权权利束分割与国企创新——基于中央企业分红权激励改革的证据》，载《管理世界》2020 年第 36 卷第 9 期。

［2］钞小静：《新型数字基础设施促进我国高质量发展的路径》，载《西安财经学院学报》2020 年第 33 卷第 2 期。

［3］陈欢、庄尚文、周密：《企业家精神与经济高质量发展——基于需求结构转变视角》，载《云南财经大学学报》2020 年第 36 卷第 8 期。

［4］戴魁早、刘友金：《市场化改革能推进产业技术进步吗？——中国高技术产业的经验证据》，载《金融研究》2020 年第 2 期。

［5］甘罗娜、彭剑锋、许正权、马晓苗：《员工企业家精神对绩效的影响机制研究——调节焦点视角》，载《科技进步与对策》2020 年第 37 卷第 24 期。

［6］高岩、王景通：《推进国企混合所有制改革的法律对策》，载《中州学刊》2020 年第 11 期。

［7］葛扬：《社会主义基本经济制度的重大理论问题研究》，载《经济学家》2020 年第 10 期。

［8］郭朝先、王嘉琪、刘浩荣：《"新基建"赋能中国经济高质量发展的路径研究》，载《北京工业大学学报（社会科学版）》2020 年第 20 卷第 6 期。

［9］何彬：《第 19 届中国国有经济发展论坛综述》，载《经济学动态》2020 年第 1 期。

［10］胡永刚、陈旭东：《中国经济增长新时期与政策重心转变》，载《学术月刊》2020 年第 52 卷第 10 期。

［11］黄华：《试论中国特色现代国有企业制度的内涵与原则》，载《商业研究》2020 年第 1 期。

［12］黄群慧：《推动国有企业高质量发展　建设"世界一流企业"》，载《经济参考报》2021 年 1 月 4 日第 6 版。

［13］黄群慧：《新时代深化国有企业改革向何处发力》，载《经济日报》2021 年 1 月 14 日第 9 版。

［14］黄贤环、王瑶：《国有企业限薪抑制了全要素生产率的提升吗》，载《上海财经大学学报》2020 年第 22 卷第 1 期。

［15］黄昕、平新乔：《行政垄断还是自然垄断——国有经济在产业上游保持适当控制权的必要性再探讨》，载《中国工业经济》2020 年第 3 期。

［16］姬旭辉：《新时代加强党对国有企业领导的理论逻辑与实践路径》，载《理论视野》2020 年第 7 期。

［17］姬怡婷、陈昆玉：《股权混合主体深入性、高管股权激励与创新投入——基于国有混合所有制上市公司的实证研究》，载《科技进步与对策》2020 年第 37 卷第 16 期。

［18］江剑平、葛晨晓、朱雪纯：《国有经济与民营经济协同发展的理论依据与实践路径》，载《西部论坛》2020 年第 30 卷第 2 期。

［19］金田林、王振东、岳利萍：《国有经济演进，所有制歧视与城市规模分布》，载《经济问题探索》2020 年第 2 期。

［20］剧宁、戚聿东：《国有经济若干理论问题研究》，载《天津社会科学》2020 年第 2 期。

［21］孔令池、张智：《基础设施升级能够促进企业家精神成长吗？——来自高铁开通和智慧城市建设的证据》，载《外国经济与管理》2020 年第 42 卷第 10 期。

［22］孔令池：《制度环境、企业家精神与高技术产业集聚》，载《中国经济问题》2020 年第 2 期。

［23］雷红、李言：《互联网提升了城市的企业家精神吗？——基于全国 282 个地级及以上城市的面板数据分析》，载《云南财经大学学报》2021 年第 37 卷第 2 期。

［24］雷倩华、钟亚衡、张乔：《公司治理、市场竞争与盈余持续性》，载《华东经济管理》2020 年第 34 卷第 11 期。

［25］黎文飞、马新啸、蔡贵龙：《混合所有制改革、公司治理与国有企业分红》，载《会计与经济研究》2020 年第 34 卷第 4 期。

［26］李红娟、刘现伟：《国有资本布局优化的新时代实践及启示：案例研究》，载《经济体制改革》2020 年第 6 期。

［27］李红娟、刘现伟：《优化国有资本布局的思路与对策》，载《宏观经济管理》2020 年第 2 期。

［28］李明娟、金海钰：《股权结构、公司治理与国有企业资本配置效率——基于混合所有制改革背景》，载《哈尔滨商业大学学报（社会科学版）》2020 年第 3 期。

［29］李万利、徐细雄：《集体决策能够改善国有企业投资效率吗？——基于"三重一大"意见的准自然实验研究》，载《财贸研究》2020 年第 31 卷第 2 期。

［30］李小青、贾岩冰、陈阳阳：《"混改"国企股权结构、董事会配置与创新绩效》，载《科技进步与对策》2020 年第 37 卷第 12 期。

［31］李政、刘丰硕：《企业家精神提升城市全要素生产率了吗?》，载《经济评论》2020 年第 1 期。

［32］李政、周希禛：《国有企业创新功能的理论逻辑与实现路径》，载《当代经济研究》2020 年第 8 期。

［33］李政：《增强国有经济创新力的理论基础与实现路径》，载《政治经济学评论》2020 年第 11 卷第 2 期。

［34］李政：《中国国有经济 70 年：历史、逻辑与经验》，载《社会科学辑刊》2020 年第 1 期。

［35］连庆锋：《国企党建融合的新实践》，载《前线》2020 年第 9 期。

［36］梁峰、刘扬、张小红：《公平视角下的国企高管薪酬水平——仿真测算与比较》，载《系统工程理论与实践》2020 年第 40 卷第 2 期。

［37］林旭阳、刘佳：《构建中央企业向管资本转变的运营体系》，载《宏观经济管理》2020 年第 8 期。

［38］林毅夫：《经济结构转型与"十四五"期间高质量发展：基于新结构经济学视角》，载《兰州大学学报（社会科学版）》2020 年第 48 卷第 4 期。

［39］刘灿：《中国特色社会主义政治经济学要系统化研究社会主义基本经济制度的重大理论问题》，载《政治经济学评论》2020 第 11 卷第 1 期。

［40］刘纪鹏、刘彪、胡历芳：《中国国资改革：困惑、误区与创新模式》，载《管理世界》2020 年第 36 卷第 1 期。

［41］刘现伟、李红娟、石颖：《优化国有资本布局的思路与策略》，载《改革》2020 年第 6 期。

［42］刘志彪、凌永辉：《结构转换、全要素生产率与高质量发展》，载《管理世界》2020 年第 36 卷第 7 期。

［43］刘志永、冯子标、米雪：《地方政府、企业家精神与地区经济高质量增长》，载《西安交通大学学报（社会科学版）》2020 年第 40 卷第 6 期。

［44］楼秋然：《党组织嵌入国有企业公司治理：基础理论与实施机制研究》，载《华中科技大学学报（社会科学版）》2020 年第 34 卷第 1 期。

［45］卢现祥：《论产权制度、要素市场与高质量发展》，载《经济纵横》2020 年第 1 期。

［46］陆宸：《上市公司国有股权转让中的监管界权问题研究》，载《法学杂志》2020 年第 41 卷第 11 期。

［47］马喜芳、浦再明、熊竞：《系统论视阈下国有资产流失博弈分析及防范型激励机制设计》，载《系统科学学报》2020 年第 28 卷第 4 期。

［48］马昱、邱菀华、王昕宇：《高技术产业集聚、技术创新对经济高质量发展效应研究——基于面板平滑转换回归模型》，载《工业技术经济》2020 年第 39 卷第 2 期。

［49］毛新述：《国有企业混合所有制改革：现状与理论探讨》，载《北京工商大学学报（社会科学版）》2020 年第 35 卷第 3 期。

［50］莫龙炯、景维民：《混合所有制改革对中国经济高质量发展的影响》，载《华东经济管理》2020 年第 34 卷第 5 期。

［51］潘雅茹、罗良文：《基础设施投资对经济高质量发展的影响：作用机制与异质性研究》，载《改革》2020 年第 6 期。

［52］彭波、韩亚品：《竞争中性、国企改革与市场演化研究——基于国际博弈的背景》，载《国际贸易》2020 年第 3 期。

［53］任保平、李佩：《以新经济驱动我国经济高质量发展的路径选择》，载《陕西师范大学学报（哲学社会科学版）》2020 年第 49 卷第 2 期。

［54］任保平：《高质量发展的制度保障》，载《红旗文稿》2020 年第 4 期。

［55］任保平：《数字经济引领高质量发展的逻辑、机制与路径》，载《西安财经学院学报》2020 年第 33 卷第 2 期。

［56］沈昊、杨梅英：《混改条件下股权结构与国资监管方式的选择——基于多案例角度研究》，载《管理评论》2020 年第 32 卷第 3 期。

［57］沈坤荣、赵倩：《以双循环新发展格局推动"十四五"时期经济高质量发展》，载《经济纵横》2020 年第 10 期。

［58］盛毅：《新一轮国有企业混合所有制改革的内涵与特定任务》，载《改革》2020 年第 2 期。

［59］宋冬林、李尚：《混合所有制改革与国有企业创新研究》，载《求是学刊》2020 年第 47 卷第 1 期。

［60］宋美、葛玉辉、刘举胜：《混改背景下国企私企 R&D 合作创新路径演化研究》，载《工业工程与管理》2020 年第 25 卷第 5 期。

［61］童泽林、冯竞丹、彭泗清：《用企业家精神扶贫的全要素模式：模式创新及管理启示》，载《广东财经大学学报》2020 年第 35 卷第 1 期。

［62］王崇能：《国有企业独立性的美国法标准及其启示》，载《东南学术》2020 年第 3 期。

［63］王春燕、褚心、朱磊：《非国有股东治理对国企创新的影响研究——基于混合所有制改革的证据》，载《证券市场导报》2020 年第 11 期。

［64］王靖宇、刘红霞：《央企高管薪酬激励、激励兼容与企业创新——基于薪酬管制的准自然实验》，载《改革》2020 年第 2 期。

［65］王一鸣、陈虎：《企业家精神与我国企业创新主体建设研究》，载《科学管理研究》2020 年第 38 卷第 1 期。

［66］肖仁桥、沈路、钱丽：《新时代科技创新对中国经济高质量发展的影响》，载《科技进步与对策》2020 年第 37 卷第 4 期。

［67］谢地：《坚持和完善社会主义基本经济制度推动我国经济高质量发展》，载《政治经济学评论》2020 年第 11 卷第 1 期。

［68］谢伏瞻、蔡昉、江小涓、李实、黄群慧：《完善基本经济制度　推进国家治理体系现代化——学习贯彻中共十九届四中全会精神笔谈》，载《经济研究》2020 年第 55 卷第 1 期。

［69］熊家财、唐丹云：《国企民营化改制会影响企业创新吗？——来自渐进双重差分模型的经验证据》，载《宏观质量研究》2020 年第 8 卷第 3 期。

［70］徐明：《新时代国有企业党的建设创新研究：逻辑、问题和对策》，载《理论视野》2020 年第 3 期。

［71］徐霓妮、王朋吾：《国有企业并购改革对企业全要素生产率的影响》，载《统计与决策》2020 年第 36 卷第 19 期。

［72］许光建：《经济高质量发展的重要支撑与引擎动力》，载《人民论坛》2020 年第 2 期。

［73］薛莹、胡坚：《金融科技助推经济高质量发展：理论逻辑、实践基础与路径选择》，载《改革》2020 年第 3 期。

［74］杨春学、杨新铭：《所有制适度结构：理论分析、推断与经验事实》，载《中国社会科学》2020 年第 4 期。

［75］杨丹、陈希阳、胡舒涵：《新一轮国企混改降低了国企股权融资成本吗》，载《经济社会体制比较》2020 年第 3 期。

［76］杨红丽、刘志阔、陈钊：《中国经济的减速与分化：周期性波动还是结构性矛盾?》，载《管理世界》2020 年第 36 卷第 7 期。

［77］杨瑞龙：《按照“三个有利于”标准推进国有企业改革》，载《经济理论与经济管理》2020 年第 1 期。

［78］杨兴全、任小毅、杨征：《国企混改优化了多元化经营行为吗?》，载《会计研究》2020 年第 4 期。

［79］杨运杰、毛宁、尹志锋：《混合所有制改革能否提升中国国有企业的创新水平》，载《经济学家》2020 年第 12 期。

［80］姚建峰、喻凡、甘家武：《国有企业高管薪酬管制与委托代理问题》，载《西部论坛》2020 年第 30 卷第 5 期。

［81］袁碧华：《国企分类改革下国有出资人模式的重构》，载《商业经济与管理》2020 年第 3 期。

［82］袁德富、张俊伟：《混改国有企业职工持股困境解析》，载《人民论坛》2020 年第 29 期。

［83］袁志刚：《中国经济增长三个故事的背后》，载《人民论坛》2020 年第 4 期。

［84］张富禄、罗丽丽：《深化国有企业改革需要多目标统筹兼顾》，载《中州学刊》2020 年第 4 期。

［85］张宁、才国伟：《国有资本投资运营公司双向治理路径研究——基于沪深两地治理实践的探索性扎根理论分析》，载《管理世界》2021 年第 37 卷第 1 期。

［86］张旭、王天蛟：《中国特色社会主义国有企业管理体制的形成、发展与超越》，载《经济纵横》2020 年第 12 期。

［87］赵斯昕、孙连才、关权：《本轮国企改革的重大突破与创新——“以管资本为主”的国资监管新体系解析及变革建议》，载《青海社会科学》2020 年第 3 期。

［88］郑炫圻：《企业家创新精神与区域经济增长方式转变》，载《经济经纬》2020 年第 37 卷第 2 期。

［89］郑瑛琨：《经济高质量发展视角下先进制造业数字化赋能研究》，载《理论探讨》2020 年第 6 期。

［90］中国社会科学院工业经济研究所课题组、史丹：《我国多种所有制企业共同发展的时代内涵与“十四五”政策措施》，载《经济管理》2020 年第 42 卷第 6 期。

［91］中国社会科学院经济研究所课题组、黄群慧：《“十四五”时期我国所有制结构的变化趋势及优化政策研究》，载《经济学动态》2020 年第 3 期。

［92］周大鹏：《企业家精神与中国经济的熊彼特型增长转型》，载《学术月刊》2020 年第 52 卷第 7 期。

［93］周泽红：《完善社会主义市场经济体制是实现高质量发展的体制保障》，载《上海经济研究》2020 年第 1 期。

《国有经济研究》用稿规范

《国有经济研究》是由教育部人文社会科学重点研究基地吉林大学中国国有经济研究中心主办的学术集刊。现根据本集刊的要求制定用稿规范，以期为致力于国有经济研究的专家、学者赐稿提供参考，为深化国资国企改革、做强做优做大国有资本和国有企业助力。

一、论文从一级标题开始的题号以“一、”“（一）”“1.”“（1）”等作为文章层次，题号后要有文字做标题，即用精练的语言提炼文章的主要观点。

二、论文中若涉及数学模型，请将模型篇幅尽可能压至全文的1/3以内。作者应确认模型分析的准确性及与相关文字内容的一一对应关系。

三、论文中出现插图和表格时，请图在上，图序号、图题在下；表序号、表题在上，表在下。作者应确认图、表的准确性及与相关文字或数据内容的一一对应关系。请采用专用制图制表软件制作，以便于加工修改和印制。

四、论文请采用规范的文字、词语、语法、标点符号、数字和计量单位，使用规范的经济学语言，避免使用陈旧、废弃以及文件式或口语式的语言表述，避免出现常识性差错。

五、论文必须正确处理政治性问题。严格遵守出版物禁载内容的规定、涉及地图内容的规定、涉及政治用语的规定、涉及法律用语的规定、涉及社会生活用语的规定、涉及民族和宗教用语的规定、涉及国际关系用语的规定，以及涉及我国领土、主权和港澳台地区用语的规定等。

六、论文的写作顺序是：标题（在20字以内）；作者简介（以脚注形式写在论文首页，包括姓名、学位、工作单位、职称、职务、邮编、研究专长、邮箱、联系电话、邮寄地址）；摘要（300字左右，注意不要写成“提要”）；关键词（3~5个，用分号隔开）；正文（若是基金项目，请把名称及编号以脚注形式写在论文首页，放在作者简介之上）；观点出处注释（以脚注形式写在正文当页）。

七、论文标题和作者汉字名字需译成英文附文尾；行文中出现外国作者，首次出现时需将其名字翻译成汉语，并括注原名，如“托马斯·皮凯蒂（Thomas Piketty）”，以后只写中文译名即可。

八、内容注释、参考文献列在文后，不用脚注。文后参考文献在正文中直接引用的需与正文文献序号一致，未直接使用的排后。同一文献用同一序号标示，正文处同一文献引用不同之处的标示用相关页码来区分，页码写在标号右上角。